George Orwell
Cent ans d'anticipation

La haine est une impasse. un vrai propos de fond

DU MÊME AUTEUR

Théodore Monod, *Plon, 1990, Payot, 1993*

Voyage au Ténéré, *Plon, 1991*

L'homme de la passerelle, *roman, Éditions du Seuil, 1992, Points Seuil, 1994, prix du Premier Roman*

L'archange perdu, *roman, Mercure de France, 1994, Folio, 1996, prix Anna de Noailles de l'Académie française»*

Vingt-trois lettres d'Amérique, *Fayard, 1995*

Emportez-moi sans me briser, *roman, Fayard, 1996, Le Livre de Poche, 1999*

La pluie des mangues, *Marval, 1997, photographies d'Yves Gellie*

Au ciel les nuages, *Marval, 1998*

Le jardin Yamata, *roman, Stock, 1999, Le Livre de Poche, 2001*

Au désert, *Desclée de Brouwer, 2002*

Isabelle Jarry

George Orwell
Cent ans d'anticipation

Fête des Mères 2003
Cadeau d'Alexis

Stock

pour Caroline C.

Le premier texte d'Orwell que j'ai lu était *Animal Farm*, et ce fut un professeur d'anglais, en première ou en terminale, qui me le fit découvrir. J'avais résolu alors d'attendre l'année éponyme pour lire *1984*. En décembre 1983, j'ai acheté le livre en format de poche et j'en ai fait la lecture dans des conditions assez particulières. J'étais étudiante à l'époque et je manquais d'argent de manière chronique. Une amie me demanda de la remplacer au pied levé durant la dernière semaine de l'année dans un de ces petits emplois qu'elle effectuait de temps à autre pour le compte d'une société d'intérim. Il s'agissait de tenir le standard d'une grande compagnie de cosmétiques, installée sur la colline de Saint-Cloud. J'acceptai immédiatement, bien que je n'aie jamais utilisé un standard de ma vie.

Je m'aperçus dès le premier jour que mon ignorance serait sans conséquence, car parvenaient au siège, durant ces jours de fêtes, un nombre si limité d'appels que jamais je n'eus à faire fonctionner le système de mise en attente et de connexion simultanée de deux ou trois postes. De toute manière, la plupart des employés étaient en congés, et je me bornais à répondre que la dame ou le monsieur demandé était absent.

C'est là, dans le calme et l'incertitude de cette semaine en suspens, que je lus le roman de George Orwell.

Ces jours sont associés dans ma mémoire à deux souvenirs très précis : le chemin que je parcourais, à mobylette, de Montmartre où j'habitais jusqu'à Saint-Cloud. Je faisais le trajet de nuit, matin et soir, et je parcourais la ville tout illuminée des décorations de Noël, par un froid vif et sec. C'était splendide, surtout le matin, car le jour se levait à mesure que j'avançais et que le froid me transperçait, s'insinuant peu à peu à travers les couches de mes vêtements. J'arrivais à la Seine alors que les premiers rayons du soleil de solstice d'hiver éclairaient la colline d'une lumière mauve pâle, de l'autre côté du pont de Saint-Cloud. J'étais tout à fait gelée lorsque j'arrêtais ma mobylette devant l'immeuble du siège. Mes doigts étaient si engourdis que j'étais incapable de tenir un stylo pendant une bonne demi-heure.

L'autre sensation qui domine dans mon souvenir est la vacuité parfaite qui régnait dans ce lieu, le silence et l'absence totale de mouvement. Il me semblait souvent être seule dans le vaste hall (le standard était situé dans les étages), où ne transitaient pas plus d'une demi-douzaine de personnes par jour, quand la compagnie en comptait des centaines en temps ordinaire. Inutile de préciser qu'on me paya à ne rien faire, si du moins ce que l'on attendait de moi incluait plus qu'une simple présence.

La lecture de *1984* – que j'ai pourtant relu depuis – reste indissociable pour moi de ces jours d'hiver, froids et lumineux, où je passais huit heures d'affilée dans le silence et la solitude, entourée de grandes affiches publicitaires, sur lesquelles souriaient de ravissantes jeunes femmes, au maquillage parfait. Qu'une très prospère entreprise m'ait donné de l'argent, en ces jours glacials et désœuvrés à la charnière des années 1983 et 1984, pour venir lire en ses murs un des plus grands romans du XXe siècle, me paraît un assez bon argument en faveur de l'optimisme qu'il convient de garder, par-delà la perte de bien des illusions, face à la vie et à ses innombrables surprises.

En 1984, je n'étais pas encore écrivain, ce qui ne veut pas dire que je n'écrivais pas déjà. Mais j'hésitais quant à la meilleure manière de dire les choses, je cherchais celle qui me conviendrait le mieux. Théâtre, cinéma, littérature, j'avais envie de tout essayer, je courais trois lièvres à la fois, je balbutiais, j'élaborais mille projets. J'étais dans cette période d'errance si particulière que connaît souvent la jeunesse, où tout semble possible sans que rien paraisse accessible. J'allais en tous sens, je m'agitais, je noircissais du papier, me nourrissais des œuvres des autres, m'imprégnais des livres et des films que je consommais avec grand appétit. Curieusement, les premiers textes que l'on écrit nous échappent, autant dans leur forme que dans leur fond. Bien sûr, on croit avoir quelque chose à dire, et c'est à cela qu'on s'attache, mais c'est autre chose qui apparaît, que l'on n'attendait pas et qui nous surprend. C'est que la littérature trahit notre rapport au monde, et souvent nous ignorons qui nous sommes.

Je n'aurais pas pensé, moi qui aime le monde et la fréquentation d'autrui, prendre autant de plaisir à m'isoler pendant des mois aux prises avec un roman, concentrée au point d'oublier tout ce qui n'était pas le livre, seule face à lui, insensible au dehors et à l'autre. Je n'aurais pas cru non plus, moi qui préfère rester chez moi, que je parcourrais le monde à la recherche non pas de l'inspiration, mais de ce qui fait la substance et la matière des livres, visions, émotions, sensations, réflexions. Le voyage et la solitude sont devenus, à mon insu, des thèmes récurrents de mon univers littéraire. Je ne parle de mon expérience que pour expliquer pourquoi j'ai eu envie d'évoquer, le temps d'un ouvrage, la figure de l'écrivain George Orwell. Pour aussi différent de moi qu'il puisse être, Orwell a vécu cette expérience dichotomique, d'un côté romancier de fiction, de l'autre journaliste politique. Les deux facettes de son personnage ont abouti à l'écriture de *1984*, le roman par lequel il s'est fait connaître dans le monde entier.

Lorsqu'on lit l'œuvre de George Orwell (huit livres de lui sont disponibles en français), on découvre un écrivain très engagé, au travers de ses récits comme de ses romans, et chez qui la dénonciation du totalitarisme sous toutes ses formes (colonialisme, impérialisme, capitalisme, communisme, fascisme) tient lieu à la fois de colonne vertébrale et de fil rouge à tous les livres. Orwell a toujours défendu sa position d'écrivain dans le débat politique, il pensait à juste titre que l'art pouvait prendre parti, dénoncer, faire œuvre de résistance.

C'est certainement ce que j'apprécie le plus chez cet homme qui a mis la littérature au service des valeurs de l'humanité qu'il jugeait utile de défendre, la liberté, la justice et la fraternité.

C'est donc en écrivain que j'ai souhaité rendre hommage à George Orwell, non seulement parce que la fiction est l'outil dont j'use le plus volontiers, mais aussi parce que Orwell lui-même a voulu conserver la forme romanesque dans ses livres les plus engagés, et donner à son engagement politique toute la force dont est capable la littérature.

À l'aube du XXIe siècle, j'ai repris le principe de l'exercice auquel il s'était livré en 1948 :

imaginer un prolongement extrême à une situation actuelle, et en représenter le terme ultime. C'était l'objet de *1984*, que son auteur décrivait comme une satire. À la lumière de ce que l'on observe de notre époque, j'ai imaginé, autour de quelques motifs récurrents des débats de notre société, un développement dans le temps. Je me suis inspirée du novlangue de *1984* pour créer mon répertoire du XXIe siècle, composé de néologismes dans ce qui pourrait être la langue de demain. Chaque entrée sera l'occasion d'un exercice de futurologie satirique.

Ces petits articles de fiction, en forme d'abécédaire non exhaustif, introduisent une approche plus biographique d'Orwell, de ses livres comme de ses idées, car l'homme, comme l'écrivain, mérite d'être mieux connu, et lu, autant pour sa clairvoyance que pour son esprit critique.

Cent ans après sa naissance, l'œuvre de cet écrivain atypique demeure parfaitement d'actualité, autant par sa lucidité politique que par son énergie à combattre ce qui asservit l'homme et opprime son libre arbitre.

Relire Orwell est le meilleur et le plus profitable hommage que l'on puisse lui rendre aujourd'hui.

Aubain

Les vagues d'immigration successives auxquelles on assiste depuis les années 2020 ont été à l'origine d'un afflux considérable de travailleurs en provenance d'Asie, qui se sont installés à la fois sur le continent africain, particulièrement dépeuplé, mais aussi en Europe, essentiellement dans les campagnes, abandonnées dès longtemps par leurs anciens habitants. Lorsque leur statut juridique a été fixé, on a donné à ces immigrés le nom d'*aubains*, ainsi qu'on appelait en vieux français les étrangers venus se placer sous la protection d'un seigneur, en échange de divers droits et taxes.

La question s'est posée tout d'abord en Afrique, où sont arrivées en moins de dix ans vingt millions de personnes, en majorité d'origine chinoise. Ces populations ne cherchaient pas de travail, elles se contentaient de se fixer sur des terres apparemment inexploitées, construisaient des villages, cultivaient la terre, et organisaient la vie de la communauté dans une économie minimale, mais viable. L'ensemble des pays africains avaient été si dramatiquement touchés par les épidémies du début du siècle, sida en tête, que personne ne trouva à se plaindre de l'installation de nouvelles forces vives. Le nombre toujours croissant de ces agriculteurs poussa les gouvernements à se préoccuper de leur statut et de leur intégration.

Les grandes compagnies internationales, implantées depuis des décennies sur le continent africain, offrirent leur concours et c'est ainsi que la plupart des pays concernés adoptèrent le droit d'aubaine. Les multinationales (compagnies pétrolières et minières, firmes agroalimentaires) firent valoir leur droit de propriété ou de location sur les terrains occupés, et l'on exigea des aubains le paiement d'un impôt correspondant à une quote-part de leur production. Ceux qui ne souhaitaient pas la verser de cette manière pouvaient s'en acquitter sous forme de journées de travail, dans les nombreuses usines des agglomérations les plus proches.

Les compagnies pétrolières et minières s'assuraient ainsi une main-d'œuvre quasi gratuite. Les productions alimentaires versées par les aubains étaient redistribuées pour moitié au gouvernement, qui voyait là une source d'approvisionnement non négligeable, en échange de sa collaboration active (on constata nombre d'irrégularités dans la façon dont des actes de propriété ou de concession furent soudain délivrés aux multinationales par certains gouvernements).

Lorsque les premiers immigrants franchirent les frontières de la deuxième ceinture européenne (l'Europe en comptait trois depuis 2016), le gouvernement communautaire s'inspira de l'expérience africaine et légiféra avant même l'entrée des aubains sur le territoire. Tous les propriétaires de terres inexploitées furent invités à se faire connaître. Dans la plupart des cas il s'agissait de groupements coopératifs paysagers – des héritiers de petites parcelles avaient confié l'entretien de leurs terres à des entreprises de gestion du paysage – appartenant pour l'essentiel à des compagnies d'assurances ou à des groupes immobiliers. Le changement de statut des terres désormais occupées et exploitées fut à peine sensible pour les particuliers. Mais les coopératives surent en tirer profit.

Les aubains signaient un contrat dès leur arrivée. Ils avaient le choix entre plusieurs formules : le fermage dans les régions de production fruitière et maraîchère, le travail à mi-temps dans les unités de production délocalisées qui s'étaient créées hors des villes, et enfin les postes volants, comme on qualifia alors ces emplois multiformes qui couvraient un large éventail de travaux manuels peu qualifiés, que ce soit dans le bâtiment, la voirie ou l'entretien.

Ils recevaient un titre de séjour, un droit d'accès à l'enseignement pour leurs enfants et aux soins pour toute leur famille, ainsi qu'un *homekit,* ces petites maisons préfabriquées conçues initialement par les Japonais pour les victimes de séismes ou d'inondations, et reprises dans le monde entier pour le logement de toutes sortes de populations déplacées. Aucune rémunération n'était envisagée dans l'accord de base, avant la troisième année de séjour. Des aménagements étaient toutefois prévus pour les cas particuliers, tels que les aubains très qualifiés ou diplômés.

Certains ont vu dans ces conditions d'accueil une nouvelle forme d'exploitation, on a même prétendu que le système revenait à faire venir à domicile les anciennes unités de production jadis délocalisées en Chine, en Indonésie, en Malaisie, et que les grandes compagnies qui bénéficiaient du travail des aubains se gardaient bien de restituer à l'ensemble de la société la part de profit qu'engendrait l'emploi d'une main-d'œuvre pour ainsi dire offerte, quand par ailleurs les frais de transport des marchandises avaient été quasiment annulés.

Mais la collusion des grandes compagnies avec le gouvernement avait alors atteint un tel degré qu'il paraissait impossible d'intervenir auprès des instances administratives pour exiger que le statut des aubains fût révisé. Et puis il faut reconnaître que le système permettait de maintenir un niveau de vie élevé pour la grande majorité de la population. C'était le prix à payer pour conserver le confort ordinaire, et chacun, au fond, s'accommodait assez bien de l'injustice faite aux aubains.

Il fallut attendre les vagues d'immigration de 2028 et 2031 pour que les autorités soient débordées par la masse des aubains venus se réfugier dans toute l'Europe occidentale, fuyant les terribles conditions de vie qu'avaient provoquées dans l'Asie entière les catastrophes naturelles et écologiques de ces deux années. Les réglementations ont alors volé en éclats tant il était impossible de les appliquer à des groupes de populations qui débarquaient si nombreux que leur installation se faisait dans la plus grande désorganisation, et dans un tel état de misère et de dénuement qu'ils étaient, du moins dans un premier temps, inaptes à la moindre activité.

Les dérèglements économiques qu'a connus toute l'Europe après que sa population eut quasiment doublé, en l'espace de quelques années, ont conduit à une refonte complète du statut des aubains. Le droit d'aubaine n'est plus exercé aujourd'hui, et d'autres processus d'intégration des étrangers ont été mis en place, qui excluent l'intervention des multinationales. Le mot ne désigne plus désormais que les populations en transit, issues pour la plupart de migrations saisonnières, ou relevant de cette nouvelle forme d'immigration mouvante que l'on observe de plus en plus. Ces groupes d'aubains se déplacent régulièrement, sans intention apparente de se fixer, changeant de pays au gré des fluctuations climatiques, des grands chantiers en cours, des possibilités de logement offertes çà et là.

Cependant, leur statut incertain – nombreux sont ceux qui n'ont pas de nationalité – leur interdit l'accès à la citoyenneté, et à cet égard ils constituent aux yeux des États de droit un sous-prolétariat aussi difficile à protéger qu'à contrôler...

Si Orwell est considéré en Grande-Bretagne comme le plus grand écrivain politique du XXe siècle, rien ne le prédestinait à devenir l'auteur du plus impressionnant roman antitotalitaire jamais écrit. Pas plus qu'on n'attendait de lui qu'il prît parti si vigoureusement contre la classe sociale dont il était issu, et qu'il défendît avec autant de pugnacité la classe ouvrière.

Né au Bengale en 1903 dans une famille d'Anglo-Indiens, comme on appelait alors les familles des Britanniques en poste aux Indes, il passa son enfance en Angleterre, au sein de la « classe moyenne inférieure-supérieure » (comme Orwell la désigna lui-même), peu fortunée mais respectable. Il fréquenta les classiques pensionnats de garçons de la bourgeoisie britannique, fut élève au collège d'Eton, et s'il partagea la vie des jeunes gens de son époque, il se caractérisa dès son jeune âge par un goût prononcé pour la lecture et un esprit de contestation hors du commun.

Autant il fit très tôt le rêve de devenir écrivain, autant sa conscience politique s'éveilla lentement. On est assez surpris, quand on ne connaît d'Orwell que ses livres les plus célèbres, d'apprendre qu'il fut officier de la police impériale en Birmanie.

Au lieu d'entrer à l'université, ce qui eût été la suite logique de ses années d'études à Eton, il prépara le concours du Bureau indien dont il réussit les examens sans difficulté. Il avait demandé à être affecté en Birmanie où sa grand-mère maternelle séjournait toujours. Il avait dix-neuf ans lorsqu'il arriva à Mandalay, où se trouvait l'école de police dans laquelle il passa un an à suivre des cours de droit, de birman et d'hindi. Puis il fut affecté dans différents postes où il eut le loisir de découvrir de l'intérieur sur quoi reposait l'Empire britannique.

Lorsque, au bout de cinq ans de service, il eut sa première permission, il quitta la Birmanie pour ne plus jamais y revenir.

Il rentrait parfaitement dégoûté par l'impérialisme. Lui qui avait montré déjà, pendant sa scolarité, une sérieuse résistance à toute forme d'autorité acheva de nourrir sa révolte au sein du système colonial. Il est vrai qu'il aurait pu difficilement observer de plus près les méthodes coercitives des Britanniques aux Indes; en endossant le costume de policier, il eut la vision la plus brutale et la plus directe que pût donner l'énorme machine à dominer et à exploiter qu'était alors l'Empire.

De policier, il devint écrivain, ou du moins décida de se consacrer exclusivement à la littérature. Mais ses premiers textes publiés n'ont pas de caractère spécifiquement politique, et il faudra attendre la révélation de Wigan pour qu'Orwell entre véritablement en politique, comme on entre en religion. Début 1936, George Orwell, à la demande de son éditeur, passa deux mois dans le bassin houiller du nord de l'Angleterre et séjourna avec les ouvriers de Wigan, Barnsley et Sheffield, des villes minières entourées de terrils et de crassiers.

Simon Leys a consacré à George Orwell un court essai[1] qui éclaire par sa précision, son intelligence et sa pertinence à la fois le personnage, sa pensée et son cheminement, tant politique que littéraire. Leys n'hésite pas à employer la figure du « chemin de Damas » pour parler du choc qui ébranla définitivement Orwell lorsqu'il découvrit la réalité de la condition ouvrière.

De ce jour, ses écrits n'auront plus qu'un but, dénoncer l'injustice sociale et toute forme d'impérialisme et de totalitarisme.

Le quai de Wigan, paru en 1937, est à la fois un reportage extraordinaire (autant par son contenu que par sa forme) sur la vie des mineurs et une sorte de déclaration d'intention, car Orwell y retrace en deuxième partie d'ouvrage son parcours d'homme et d'écrivain. Ce qui en rend la lecture extrêmement intéressante tient, entre

1. Simon Leys, *Orwell ou l'horreur de la politique*, Hermann, Paris, 1984.

autres, à la forme particulière et spécifique qu'Orwell a développée dans ses « récits documentaires » : il met en scène la vérité factuelle et la fait ressortir avec un art de romancier, ce qui donne au récit une force bien supérieure à la simple narration. Non qu'il invente, mais il recrée les situations vécues, les faits enregistrés et les images vues en les transposant, les rehaussant soudain et les portant à un niveau d'universalité qui est le propre de toute création artistique. Sa description des conditions de vie dans cette région minière est saisissante de vérité, parce que l'on a affaire à bien davantage qu'un simple reportage. Orwell entraîne son lecteur dans l'intimité des hommes et des femmes rencontrés, qui prennent le statut de personnages de romans, emblématiques et symboliques : il brosse le décor et situe l'action avec un art consommé de la description.

On retrouve cette manière dans *Hommage à la Catalogne*, le récit qu'il a donné de sa participation à la guerre d'Espagne, même si, pour des raisons autant politiques qu'historiques, tous les faits sont restitués avec la plus grande fidélité. Demeure au fil du texte une mise en abyme des situations qui fait accéder le récit au rang de littérature. Ces deux livres marquent dans l'œuvre d'Orwell le basculement dans une écriture politique, dont il ne se départira plus, jusqu'à *La ferme des animaux* et enfin *1984*.

L'analyse de Simon Leys, qui prétend qu'Orwell avait la politique en horreur, apparaît toutefois assez pertinente. S'il s'est ainsi lancé dans la dénonciation de l'abus de pouvoir et des grandes machines totalitaires, c'est par détestation de la chose politique qui ruine la vie de millions de gens et brise durablement toute aspiration à l'existence simple et tranquille que voudraient mener la majorité des êtres humains.

Orwell lui-même aurait aimé vivre en romancier campagnard cultivant son jardin, il fit plusieurs fois l'expérience de cette vie austère et champêtre, mais il avait aussi, profondément ancré en lui, ce dégoût intense pour la « bête immonde », qui le fit se précipiter en Espagne et partir immédiatement pour le front, parce qu'il « fallait bien que quelqu'un arrête ce fascisme » et qui, quelques années plus tard, face au stalinisme, le fit se dresser pour dénoncer les méfaits d'un régime d'oppression et de terreur.

Socialiste convaincu, ses positions politiques s'inspirent plus de son expérience que de lectures théoriques ou d'idéologie partisane. C'est ce qui fonde certainement son originalité et l'aspect parfois paradoxal de ses opinions. Le fait que cet homme engagé, viscéralement attaché aux valeurs de justice sociale et de fraternité, ait été si souvent incompris, autant de son vivant qu'après sa mort – quand il ne fut pas tout simplement relégué au rang d'écrivain mineur –, montre à quel point il fut lucide, mais aussi combien sa voix se fit entendre en dehors du concert des intellectuels de son temps, comme celle d'une personnalité rare et insolite, à l'écart des sentiers battus.

Blaireautage

Le mot est apparu au XIXe siècle, c'était alors un terme technique pour désigner une manière de peindre au pinceau en poils de blaireau (très fins) afin d'obtenir une teinte fondue, un rendu très léché. Mais c'est l'argot *blair* (le nez) qui fit réapparaître le verbe, dans les années 2020, dans le sens de « lisser l'odeur », « atténuer le parfum » et par extension, « enlever tout caractère distinctif ». Curieusement, on retrouve cette notion de mise à plat déjà contenue dans le sens initial du verbe. Dire d'une peinture qu'elle était blaireautée n'était pas véritablement un compliment, mais révélait une forme sage, polie, presque terne, sans grande personnalité.

Peu après l'apparition des prises de vues en *odorama*, on commença à en trafiquer l'odeur. Le cinéma n'en prisa jamais beaucoup l'usage (cela compliquait énormément le travail d'étalonnage), mais les journaux télévisés les utilisèrent dès le début et bientôt toutes les infos furent diffusées en *odorama*. La nouvelle technologie, loin de faire l'unanimité, provoqua un tollé.

Autant les gens supportaient de regarder à l'heure du dîner toutes sortes d'images, des plus crues aux plus insoutenables, autant, lorsque l'odeur de la guerre, de la crasse et de la maladie sortit de leur téléviseur, ils furent absolument scandalisés. C'étaient les vapeurs d'éther et de médicaments qui choquaient le plus, suivies de près par les relents de matières calcinées et d'incendie. On pouvait bien sûr savourer d'excellentes odeurs de cuisine, ou respirer l'air vif de la haute mer, dès lors que les reportages se passaient dans des lieux agréablement parfumés. Mais les gaz d'échappement, les odeurs de poussière et de pétrole, les ambiances olfactives des camps de réfugiés, sans parler de la puanteur des rues de certaines grandes métropoles particulièrement polluées, cela ne passait pas du tout.

Loin de renoncer à l'aromatisation (comme s'appelait alors la mise en odeur des images), on la modifia. Le *blaireautage* était né. On faisait alors référence au mot « blair », qui signifie nez par allusion au museau allongé du blaireau.

Mais le terme ne prit véritablement son sens actuel qu'après la mise en service des « fiches olfactives » insérées dans la carte d'identification internationale, qui devait permettre une surveillance renforcée des frontières. Vous présentiez votre carte à la douane, puis stationniez quelques secondes sous un portique dont les capteurs ultrasensibles comparaient votre odeur corporelle à celle enregistrée sur la puce de votre carte. C'était un instrument de contrôle extrêmement fiable, qui rendait inutile le trafic de passeports et autres changements d'identité, devenus obsolètes.

La réaction ne se fit pas attendre et un scientifique belge proposa bientôt un « dissipateur de senteurs corporelles » qui brouillait la réception du capteur et rendait l'identification plus difficile. L'odeur, affadie, diluée, perdait une grande partie de ses composantes distinctives et, réduite à ses effluves les plus basiques, pouvait se confondre avec une autre. On appela ça « blaireauter ». C'était une manière d'échapper non seulement à la police des frontières, mais aussi (et surtout) à la discrimination olfactive à laquelle furent soumis peu à peu tous les candidats à l'emploi dans certaines grandes sociétés, qui refusaient d'embaucher ceux dont le QOM (quotient olfactif moyen) n'était pas compris entre 970 et 1220.

La loi interdisant ces pratiques de sélection se montra insuffisante pour les faire cesser. Il fallut supprimer la fiche olfactive, elle fut maintenue cependant dans certains cas (individus à casier judiciaire, personnels de certains ministères comme celui de la Défense ou de l'Intérieur, employés de l'industrie de l'armement).

On ne put toutefois revenir aux vidéo-reportages sans odeurs, cela aurait été aussi inconcevable que de renoncer à la couleur ou au son. On se contentait d'atténuer les odeurs jusqu'à les rendre insignifiantes, ou bien on utilisait un parfum de synthèse, ce qui permettait d'en modifier les composantes et de le travailler avec beaucoup plus de subtilité qu'une odeur naturelle.

Le blaireautage aurait intéressé Orwell, de son vrai nom Éric Blair, car la question de l'odeur comme élément de discrimination sociale revient dans tous ses essais, et aussi dans certains de ses romans. La bourgeoisie britannique, dit-il, a été élevée dans l'idée que « les pauvres sentent mauvais ». Cette incompatibilité olfactive stigmatise, entre autres distinctions irréductibles, la difficulté qu'ont les classes sociales à se rapprocher, tant les codes et les manières diffèrent d'une couche à l'autre, acquis durablement dès l'enfance par le biais de la fameuse éducation anglaise, qu'il fustigea avec tant de verve... Orwell a toujours cherché à s'affranchir de ce préjugé et il entra certainement dans sa volonté de côtoyer les milieux les plus défavorisés autant de curiosité et d'humanité que de ressentiment pour cette éducation élitiste et affreusement snob, qui enfermait dans un carcan de mépris et de prétention les membres de la classe bourgeoise.

Ayant vécu parmi les clochards, ayant fréquenté au quotidien des chômeurs, des mineurs et des ouvriers, ayant passé des mois dans les tranchées durant la guerre d'Espagne, il vit de près ce qu'étaient la misère et la saleté, et respira plus de mauvaises odeurs que quiconque parmi les anciens d'Eton.

Il ne se gêna pas dans ses écrits pour railler ces intellectuels qui prônaient, une tasse de thé à la main, la dictature du prolétariat, mais qui pour rien au monde n'auraient pu adopter les manières des prolétaires, ni supporter de vivre à leurs côtés. Non seulement Orwell fit l'effort d'aller voir et en revint riche d'une expérience dont il tira, chaque fois, le plus grand profit, mais on peut croire qu'il apprécia la découverte de cet autre monde, car les récits qu'il fait de ses différentes plongées dans des univers toujours durs, parfois inhumains, rendent compte, au travers des portraits qu'il brosse des individus rencontrés, d'une empathie et d'une compréhension qui vont parfois jusqu'à l'admiration.

Sa conscience politique s'affina au contact des classes sociales défavorisées, son esprit juste et rationnel se révolta devant le scandale de leurs conditions de vie. Reste à savoir si ses narines s'accoutumèrent aux mauvaises odeurs...

Si les odeurs trahissent, aux narines des bourgeois, les ouvriers et les pauvres qui les émettent, il en va de même pour quantité de facteurs (accent, vocabulaire, manières, comportement, mise, tenue) qui dénoncent la classe sociale aussi sûrement qu'une étiquette accrochée au revers d'une veste. Orwell a toujours été conscient de ce que l'on n'échappait pas facilement à son milieu, à son éducation, à cet espace étroit dans lequel un individu est né, a grandi et s'est constitué. Lui-même a essayé d'en sortir, de changer de camp, de fuir un carcan qui l'enfermait et le coupait d'une partie de la société, et s'il a mené l'expérience avec la meilleure volonté du monde, il lui a été au fond impossible de devenir l'un des pauvres, des déshérités, des travailleurs manuels dont il a partagé un temps l'existence. Cette impossibilité constituait pour lui une privation de liberté, un frein au désir de se glisser partout, de s'intégrer, d'être accepté par des gens différents, venus d'autres horizons que le sien.

Ce rapport d'Orwell à la liberté individuelle, à la circulation sans contrainte, à l'abolition des barrières, est au cœur de son œuvre. On le retrouve dans tous ses livres. Et que la dictature de Big Brother soit fondée sur un contrôle permanent, une inquisition de tous les instants, montre à quel point Orwell était épris de liberté et attaché à la défendre.

Dans *1984*, Orwell a inventé, à titre d'instrument de contrôle omniprésent, le *télécran*, installé à domicile, qui non seulement épie chaque citoyen jusque dans sa vie la plus intime, mais lui parle, dictant ordres et consignes. C'est l'ancêtre, en quelque sorte, de la caméra vidéo et de ce qu'on appelle aujourd'hui vidéosurveillance (le mot est entré au dictionnaire en 1981). Certains considèrent que la présence de caméras dans l'espace public est une atteinte aux libertés les plus élémentaires, d'autres estiment que leur usage est à la fois dissuasif et préventif, et qu'il apporte donc un élément de sécurité qui contribue à la paix sociale. Évidemment, c'est la manière dont le pouvoir utilise ces outils de contrôle qui fait toute la différence, et la sophistication toujours plus grande des procédés et techniques n'est pas synonyme d'aliénation supplémentaire. Seul l'usage qui en est fait permet de distinguer entre pouvoir totalitaire et démocratie.

Il en va de même pour l'empreinte génétique, qui assure une identification sans faille par le biais du code ADN. Orwell était mort depuis trois ans lorsque a été découverte la double hélice (par Watson et Crick, en 1953), il ne pouvait donc pas imaginer à quel point l'individu pourrait être connu, reconnu, dans son unicité et son intimité cellulaire. Aujourd'hui, on constitue des fichiers où sont répertoriées les empreintes génétiques des délinquants sexuels, mais on peut prévoir l'extension de ce fichier à toutes sortes de crimes et délits, et même à tous les individus.

Là encore, seul l'usage qui en sera fait déterminera s'il y a une violation des libertés.

Quelle que soit la technologie mise au service des instances de fichage, la question n'est pas tant de leur efficacité toujours plus grande, que de la régulation du contrôle, de son maintien dans un cadre juridique acceptable et de la vision qu'ont les gouvernements et les sociétés du compromis à trouver entre le bien-être des citoyens et le respect de leur intimité. Si cet équilibre est rompu, alors c'est à l'individu d'entrer en résistance, et Orwell n'a eu de cesse d'appeler chacun à la vigilance, à la lucidité et, si nécessaire, à l'insoumission et à la désobéissance.

Même dans l'univers sans impasse de *1984*, Winston Smith a trouvé dans son appartement un angle sous lequel le télécran ne peut le voir. Cette minuscule sphère d'intimité, si elle ne lui permettra pas, le moment venu, d'échapper à ceux qui le surveillent et l'ont déjà condamné, apporte au héros le frêle espoir d'une liberté possible, arrachée au regard impitoyable de ses censeurs. Elle est, sous la plume de George Orwell, le signe du refus, de la contestation, du libre arbitre préservé jusque dans la mort.

Il y a chez Orwell un stoïcisme évident, que l'on retrouve dans beaucoup de ses attitudes, de ses partis pris, de son idéal humaniste, de son désir de liberté. Une philosophie de la dignité, de la recherche d'un niveau élevé de conscience et de responsabilité, du courage, de l'exigence.

Consoliste

On vient d'inaugurer la grande exposition sur la monnaie que présente le musée des Pratiques et Usages et ce sera pour beaucoup l'occasion de revoir ou, pour les plus jeunes, de découvrir une bonne partie des monnaies (pièces et billets) utilisées jusqu'au milieu des années 2030, abandonnées depuis pour le système d'échange généralisé qui s'est répandu presque partout. On découvrira entre autres plusieurs générations de billets dont certains présentent de très pittoresques illustrations, quantité de pièces de nombreux pays, et les techniques de cryptage du papier-monnaie perfectionnées au fil du temps, jusqu'aux billets entièrement informatisés des années 2020 qui ont été à l'origine de l'abandon de la monnaie sous sa forme physique.

On se souvient des problèmes innombrables rencontrés par la Banque centrale européenne après que le système de lecture des puces des billets eut été piraté, ce qui entraîna de terribles dysfonctionnements dans plus de vingt États, depuis la pénurie de monnaie dans certains pays où les transactions courantes se faisaient majoritairement en liquide jusqu'à la chute du cours de la devise européenne. La crise économique qui s'ensuivit fut à l'origine de la réaction des banques qui firent en diligence disparaître la monnaie.

Certains ont affirmé que les banquiers eux-mêmes avaient été les commanditaires du prétendu piratage, devant la résistance qui entourait le mouvement de suppression de l'argent liquide entamé par toute la profession. Il était question alors pour les organismes bancaires de récupérer en caisse tout ou partie de l'argent liquide qui circulait sans rien produire, et surtout en échappant au contrôle des institutions financières et fiscales. Les placements boursiers étaient alors si rentables que ne pas faire travailler *tout* l'argent semblait aux banquiers une aberration économique.

Soutenus par les gouvernements très libéraux qui dominaient en Europe et en Amérique, les banques profitèrent de la situation pour accélérer la mise en place d'un réseau étendu de « paiement sans argent » comme on appelait les porte-monnaie électroniques et autres ancêtres du compte de consommation. Toutefois, il était encore question d'argent, puisque les utilisateurs disposaient de moyens de paiement correspondant à des sommes précises, même si pièces et billets avaient disparu. Un bien ou un produit coûtait tant, vous l'achetiez en donnant l'équivalent en argent de sa valeur.

Peu à peu, au cours de la deuxième décennie du siècle, le compte de consommation tel que nous le connaissons aujourd'hui a remplacé les échanges de ce type.

Le citoyen, en fonction de ses ressources, se voit proposer chaque mois par son organisme bancaire des listes de consommation (*consolistes*), dans lesquelles il choisit ce qu'il désire acheter, à hauteur de son budget. Les consolistes regroupent tous les biens de consommation et couvrent l'ensemble des besoins – alimentation, entretien, vêtements, loisirs, transports, soins, éducation, etc.

Dans un premier temps, l'impact sur la consommation fut déplorable. Les gens, habitués qu'ils étaient à « faire leurs courses » dans les magasins, se trouvaient déroutés par ces listes interminables qui défilaient sur leur écran domestique. Il faut dire que le système de présentation était loin de posséder les qualités de clarté que l'on connaît aujourd'hui. Mais la formule finit par s'imposer, les techniques de marketing utilisées pour en vanter les mérites (réels ou imaginaires) ayant été très largement mises à contribution par les banques pour faire valoir ce nouveau mode d'achat.

La véritable révolution était à venir et elle se fit assez rapidement, si l'on considère l'incroyable changement que cela impliquait dans les réflexes de consommation. Bientôt les prix, qui étaient jusque-là affichés en regard des produits proposés, disparurent des consolistes. Dans un premier temps, on pouvait y avoir accès en consultant le catalogue des tarifs, qu'il était possible de télécharger depuis son gestionnaire de comptes, mais la manœuvre était assez compliquée pour que l'on abandonne vite l'idée de vérifier les prix, d'autant que l'utilisation de la consoliste assure une comptabilité instantanée qui vous informe de ce que vous pouvez acquérir (les produits ou denrées inaccessibles à votre budget n'apparaissent même pas sur l'écran). Aujourd'hui, les jeunes générations n'ont jamais vu un prix affiché. Elles ont une perception de la valeur des choses parfaitement virtuelle.

Ce qui est admirable dans la façon dont les banques ont atteint leur objectif principal, à savoir contrôler tous les flux financiers, c'est la satisfaction qu'en retirèrent leurs clients, remarquablement préparés par des opérations de promotion fort bien menées, mais aussi lassés d'être en permanence soumis à la pression de l'argent, dans une société où il avait pris tant d'importance. Tout à coup, on leur permettait de se soustraire à cette obsession, et l'on s'aperçut que beaucoup appréciaient ce mode d'achat rapide et impersonnel.

En 2033, la plupart des gens consacrent au choix de leur consoliste mensuelle une demi-journée, ils fixent la ou les dates auxquelles se feront les livraisons pour ce qui est des produits alimentaires et ne se préoccupent plus de rien jusqu'au mois suivant...

Quand on sait à quel point l'argent a pu pervertir les sociétés passées, on ne peut que se réjouir que son usage ait disparu et que les réflexes de consommation soient dictés désormais par des motivations autres que l'accumulation de biens matériels. Ainsi, parmi les consolistes trouve-t-on de nombreuses souscriptions à des projets de développement (technique, scientifique, agricole) ou à des causes humanitaires ou médicales.

Que les choses ne soient plus présentées sous l'angle du prix change considérablement la vision que les gens s'en font, et peu à peu les vieux réflexes tombent, qui faisaient intervenir en tout cette redoutable comptabilité. En supprimant les rapports marchands, on pose sur le monde un regard différent.

Pour satisfaire au mieux le client, les consolistes sont établies par des spécialistes qui tentent de tirer le meilleur parti des ressources du consommateur, afin de lui permettre d'accéder à un maximum de produits.

La variété des listes est infinie, elle assure une gestion de chaque compte efficace et personnalisée. Tout ce qui n'est pas dépensé est automatiquement versé sur un compte boursier et transformé en actions, dont on touche les dividendes au bout de dix ans. Compte tenu du délai d'immobilisation des ressources, il est plus intéressant de vider chaque mois son compte de consommation. Cela contribue en outre à une saine circulation des productions. Car le grand avantage pour les banques et l'État de ce principe prescripteur est de faire participer le consommateur à la bonne santé financière et économique des entreprises.

Le principe du prêt, tel qu'il a pu se concevoir dans les époques précédentes, n'existe plus. C'est un fonctionnement complètement obsolète. Si vous désirez acheter un véhicule, il suffit de choisir la liste qui propose un soixantième de voiture (ou un cinquantième, ou un vingtième, cela en fonction de vos revenus), et vous serez tenu pendant le nombre de mensualités requis, de sélectionner la consoliste reprenant cet article. La contrainte de ce type de paiement à tempérament – le consommateur n'a plus le choix qu'entre deux ou trois listes, sur lesquelles figure le quantième de voiture – fait préférer la location à la plupart des gens. Il en va de même pour les maisons et les appartements.

Quant aux revenus, salaires et autres traitements, ils s'échelonnent selon une grille allant de A à Z, la dernière catégorie représentant environ trente à quarante fois la première (bien que l'on ne sache pas exactement à quelles sommes ces désignations correspondent). Le revenu moyen se situe autour de J, de A à I se situent les petits salaires, de J à M les salaires moyens, de N à U les bons et très bons salaires. La catégorie des VWXYZ est la plus privilégiée.

Les consolistes sont répertoriées selon le même alphabet, si bien que vous savez immédiatement, en consultant votre ordinateur domestique, lesquelles vous sont destinées. L'accès aux listes n'est pas confidentiel, vous pouvez visionner celles des autres catégories.

Certains prétendent que le système, en orientant la consommation dans un but de stabilité économique, empêche les gens d'acquérir ce qu'ils désirent. En réalité, il n'y a pas grande différence avec le modèle d'autrefois. Chacun peut obtenir, théoriquement, tout ce que les consolistes de sa catégorie lui proposent. Il suffit de trouver celle qui convient le mieux à ses goûts. Quant aux moyens, ils demeurent variables, selon les revenus de chacun. Mais en séparant le monde de la finance de celui de la consommation, on a contribué au contraire à une conception beaucoup plus saine du besoin, du désir et de la notion de propriété. L'argent est redevenu ce qu'il était et n'aurait jamais dû cesser d'être, une affaire de spécialistes.

Non seulement Orwell dénonça le dieu Argent, comme il l'appelle dans *Et vive l'aspidistra !*, son troisième roman, mais il fut lui-même un farouche adversaire des biens matériels autant que de l'argent lui-même, dont il voulut s'affranchir jusqu'à vivre en vagabond, en clochard. Il parlait de la pauvreté en connaissance de cause, et si l'on considère que tout bon artiste connaît au moins un temps la misère, alors Orwell n'a pas fait exception à la règle. Il a manqué d'argent presque toute sa vie.

Orwell connut des débuts laborieux, il se vit refuser dans les premières années de sa vie d'écrivain tous les manuscrits qu'il présentait, et s'il plaça çà et là quelques articles, il dut trouver d'autres moyens de subvenir à ses besoins, si limités fussent-ils. Il partagea, à Paris et à Londres, la vie des pauvres, et connut la précarité d'un quotidien à la limite de la survie.

Là où d'autres auraient abandonné, lui persévéra dans son désir d'écrire, malgré les échecs et les refus des éditeurs. Quatre ans de vie marginale et désargentée l'avaient tout de même bien lessivé et, renonçant momentanément à vivre de sa plume (il n'avait pas encore trouvé d'éditeur pour *Dans la dèche à Paris et à Londres*, son premier livre), il chercha du travail et se fit engager comme proviseur d'un collège de garçons du Middlesex, avant de devenir libraire à Hampstead, un quartier populaire de Londres.

Après son mariage, en juin 1936, il s'installa avec sa femme Eileen à Wallington, un petit village entre Londres et Cambridge, dans une vieille maison qui avait servi d'épicerie. Le couple rouvrit la boutique. Orwell cultivait un potager, un verger et élevait des poules, des oies et des chèvres, qu'il trayait tous les matins. Une vie simple et dénuée de confort, mais qui allait permettre à Orwell de continuer à écrire. Car si ses premiers livres rencontrèrent tout de suite un succès d'estime et eurent plutôt de bonnes critiques, ils ne se vendirent pas assez pour qu'il pût en tirer des revenus suffisants.

Orwell aborde la question de la pauvreté dès son premier livre, *Dans la dèche à Paris et à Londres* (1933), et revient sur le sujet avec un roman, *Et vive l'aspidistra!* (1936), dans lequel il dresse le portrait d'un aspirant écrivain qui lui ressemble beaucoup.

Dans la dèche à Paris et à Londres s'inspire, en la condensant, de l'expérience de l'auteur. Orwell en a tiré un récit plein de vie et de verve, bien que jamais le pittoresque ne vienne masquer la critique sociale. Son sens de l'observation et ses qualités de narrateur sont déjà à l'œuvre.

On a du mal à croire, tant le récit n'a en rien perdu de sa fraîcheur et de son intérêt, qu'Orwell eut alors les plus grandes difficultés à le faire publier. À l'empathie que l'on ressent sous sa plume envers tous les personnages (travailleurs manuels, prolétaires, trimardeurs), on sent pointer l'écrivain politique, engagé dans un combat destiné à faire valoir les droits des plus pauvres, mais aussi le chroniqueur de son temps, doué d'une qualité d'observation, d'une vivacité d'interprétation et d'un sens du détail qui caractérisent toute son écriture non romanesque.

S'il n'est pas encore socialiste, on sent monter en lui le questionnement et ce qui est très dynamisant chez Orwell, c'est qu'il ne se contente pas de dénoncer : dès les premiers écrits, il avance des propositions. Les deux derniers chapitres de *Dans la dèche à Paris et à Londres* sont consacrés à la manière dont on pourrait réformer les asiles de nuit en Angleterre. C'est plein de bon sens, d'humanité et de justesse. Il faut dire qu'Orwell a eu tout le loisir d'expérimenter les différentes formules de dortoirs pour hommes de l'Angleterre des années 1920, et les réflexions que lui a inspirées la vie des vagabonds et des sans-abri, qu'il a partagée plusieurs mois durant, préfigurent déjà son redoutable esprit critique, et sa vision pratique et concrète des solutions à proposer.

Orwell initie là une attitude qui lui deviendra familière, qui consiste à aller voir, à plonger au fond, à atteindre la couche première. Aussi parle-t-il en connaissance de cause, et la façon dont il dépeint la misère et la crasse ne sombre jamais dans la condescendance bourgeoise, la compassion bien-pensante, car il explique, il décortique, il met en parallèle les causes et les effets, et son analyse touche souvent au cœur du problème, la profonde injustice qui fonde l'inégalité, celle d'une société où les forts écrasent les faibles, invariablement.

Orwell a parfaitement compris que l'extrême pauvreté et la marge dans laquelle elle maintient ceux qui en sont atteints, porte préjudice non seulement au confort physique, à l'hygiène et à la santé, mais plus encore à la dignité humaine, au respect de soi. Ce n'est pas tant d'être démuni de tout bien matériel qui déshumanise, mais bien d'être nié par la société en tant qu'être à part entière.

Le principe du capitalisme poussé à son comble non seulement conduit à des aberrations (et à un épouvantable gâchis de matières, d'énergie et de ressources irremplaçables), mais rend tout le monde malheureux, personne n'ayant jamais les moyens d'accéder au niveau de vie qu'il juge convenable.

À cet égard, le capitalisme est un régime très dur, car il exerce sur les gens une pression permanente et obsessionnelle, avec l'argent comme moyen d'oppression. Ne pas en avoir vous condamne à être un sous-homme et désespère les plus humbles. Inutile pour le pouvoir en place de limiter par diverses contraintes (censure, police, etc.) le degré de liberté des citoyens, l'argent joue ce rôle à la perfection. Que toutes les activités de la société soient marchandisées et indexées à la rentabilité rend la chose encore plus oppressante.

Orwell reprend le même thème dans *Et vive l'aspidistra!* qu'il écrit en 1935, alors qu'il travaille dans une librairie tenue par des amis de sa tante, militants à l'Independant Labor Party.

Les démêlés de Gordon Comstock (le héros du roman) avec l'argent sont certainement assez représentatifs de ceux que connut Orwell lui-même à ses débuts, qui se prolongèrent en réalité jusqu'à la parution, en 1945, de *La ferme des animaux*.

Il y a dans la haine que voue Comstock à l'argent une impuissance douloureuse, qui donne à sa détestation un caractère paradoxal : d'une part Comstock-Orwell est persuadé que seul l'argent peut lui apporter ce qui lui manque (en particulier l'amour, car les femmes ne s'intéressent pas à un homme pauvre) et d'autre part il se refuse à entrer dans le jeu qui lui permettrait de s'en procurer. L'obsession du personnage pour l'argent (qu'il n'a pas) et qu'il déteste avec l'intensité d'une passion très contrariée montre assez l'importance que cela revêt à ses yeux, au point qu'il n'imagine même pas pouvoir présenter le moindre intérêt aux yeux du monde, uniquement parce qu'il est trop pauvre.

Curieusement, il n'y a nulle joie à braver le dragon dans cette descente aux enfers que Comstock s'impose en décidant de vivre en vrai pauvre, à la limite de l'asphyxie et dans une ascèse totale, nulle affirmation d'une différence positive, d'un choix dont il tirerait fierté et parti. Car Comstock (comme Orwell) écrit et son statut de poète pourrait l'autoriser, d'une certaine manière, à emprunter la figure de l'artiste fauché, que son talent sauve de tous les manques et de toutes les mesquineries. Mais la culpabilité ruine cette légèreté potentielle, culpabilité de n'être ni un bon écrivain, ni un membre reconnu de la société des nantis. Nul doute que la propre culpabilité d'Orwell l'a empêché de donner à son personnage des allures de marginal bohème et décontracté, profitant de la vie et de ses plaisirs sans se soucier le moins du monde du regard des autres sur sa condition.

Le fait que la famille Blair ait été relativement désargentée, alors qu'elle s'efforçait de se maintenir dans un milieu plutôt aisé a certainement fait souffrir le jeune Eric, en particulier lorsqu'il était à l'école et au collège. Ce décalage de classe l'a rendu malheureux face à ses camarades plus fortunés, et il s'est appliqué ensuite, sa vie durant, non pas à devenir riche, mais à fuir au contraire cette richesse qu'il haïssait pour avoir connu l'humiliation d'en être écarté.

L'importance de la position sociale dans la Grande-Bretagne du début du XXe siècle, la différenciation très poussée des classes et la définition précise de leurs attributs rendaient la lutte assez âpre, dont Orwell a conservé toute sa vie le souvenir cuisant.

À son retour de Birmanie, après cinq ans au service de l'Empire, il décide de rompre définitivement avec l'idée de « faire carrière », et de se passer d'argent, autant que possible. Inutile de dire qu'il connaîtra la misère et les privations... Mais il ne veut pour rien au monde d'une réussite qui emprunte ses formes à l'exploitation de l'homme par l'homme ou à n'importe quel autre type de domination. Sa plongée dans les milieux des clochards et des chemineaux n'est pas seulement une volonté de se fondre dans le monde des exclus, ni de devenir lui-même le dernier des derniers (il veut être écrivain, il a cette ambition), mais il entre dans sa détermination une farouche opposition à tout ce qui relève, de près ou de loin, du système capitaliste, de la loi du marché, du principe de réussite sociale. Réussir, c'est déchoir, c'est surtout cautionner un système inique et moralement inacceptable. Vivre avec les marginaux était une expérience, mais la révélation est venue de sa rencontre avec le milieu ouvrier, lors du séjour à Wigan, quand Orwell a pris tout à coup conscience de l'implacable machine d'exploitation qui servait de fondement à toute société capitaliste.

Son engagement socialiste était une réponse politique aussi bien qu'économique non seulement à l'aberrant système de classes qui sclérosait la société britannique (et plus généralement, occidentale), mais aussi à l'avancée du fascisme qui, dès le milieu des années 1930, menaçait l'Europe de toutes parts. Orwell en effet considérait que le capitalisme menait tout droit au fascisme, qu'il n'en était au fond que la première étape. À la moindre difficulté, le pas serait franchi…

Doublexe

À partir du 1er janvier 2024, tous les textes relevant de l'information, de l'administration et de l'éducation seront diffusés en *doublexe*. La décision a été prise officiellement à l'Assemblée européenne, et c'est un pas supplémentaire vers l'acquisition par tous d'une langue commune, indépendamment de la langue utilisée dans chaque pays.

Le doublexe propose la version double d'un texte, à la fois dans la langue de son initiateur et en amerlangue, langue universelle adoptée depuis 2018 par la majorité de la Communauté internationale.

Le mot *amerlangue* est apparu en 2017, pour désigner l'anglais international, largement inspiré de la langue américaine, qui s'est si abondamment répandu depuis le XXe siècle dans tous les échanges – scientifiques, commerciaux, financiers, etc. – que la société Noolang en a déposé le brevet, sous le nom d'*anglique* (pour *anglais langue unique*). Les manifestations qui ont eu lieu dans de nombreux pays en réaction à cette tentative de récupération marchande (Noolang exigeait la mention d'un copyright pour tous les textes rédigés en anglique) a contraint les principales fédérations mondiales, Amérique et Europe en tête, à racheter le brevet et à rendre le copyright libre de droits.

Au passage, l'anglique est devenue l'amerlangue, pour langue américaine, mais aussi pour « mère langue », avant que les opposants à son utilisation étendue ne la rebaptisent « amère langue », au grand dam des inventeurs du mot, qui n'avaient pas su prévoir cette dérive homophonique pourtant assez évidente. La tentative d'imposer le mot *langlique*, qui demeure juridiquement le terme exact, a rencontré très peu de succès auprès du public, car trop proche de l'anglique de Noolang, et c'est *amerlangue* qui s'est imposé.

Si l'amerlangue est considérée comme une langue, elle n'en a pas pour autant la complexité et la richesse, puisque elle est utilisée principalement comme langue de communication immédiate. C'est un anglais simplifié, débarrassé de ses principales difficultés syntaxiques, plus proche de l'américain, déjà très peu formaliste quant à la structure même du langage et volontiers créatif dès qu'il s'agit de faire évoluer le lexique en fonction de besoins nouveaux. Clarté et souplesse en sont les qualités les plus manifestes. L'amerlangue simplifie, compacte, synthétise, elle réduit, elle invente, elle accélère. C'est la langue de la modernité, du progrès, de la vitesse, des communications urgentes, précises et efficaces.

Si, au départ, des critères d'hégémonie économique ont joué un rôle incontestable dans la manière dont l'anglais s'est répandu, ils n'apparaissent plus aujourd'hui comme un élément déterminant dans le choix de l'amerlangue en tant que langue officielle des échanges, mais tant de programmes ont été initiés à partir des années 2020 pour faciliter son apprentissage et favoriser sa diffusion qu'il semble inconcevable de remettre en cause son utilisation.

Dorénavant, l'édition en doublexe permettra d'une part aux autres langues de conserver leur statut et d'être employées couramment, d'autre part aux personnes ne maîtrisant pas l'amerlangue d'en acquérir les bases et le vocabulaire, puisqu'elles auront sous les yeux la traduction dans leur langue d'origine. Tous les emballages de produits manufacturés (alimentation, entretien, mobilier, loisirs, habillement, etc.) seront rédigés en doublexe, ainsi que la presse, les manuels scolaires, les notices d'emploi, la publicité, les pages internet, etc.

Les programmes télévisés seront sous-titrés, avec une possibilité de changer de canal pour entendre la version que l'on souhaite. À l'heure où la globalisation a modifié considérablement les rapports des individus avec la notion de pays, de nation et de frontière, il est devenu indispensable de posséder une langue commune et il fallait trouver un moyen simple de permettre au plus grand nombre d'individus de l'apprendre, sans pour autant renoncer à leur langue maternelle.

Le doublexe répond à cette attente en proposant une formule d'approche douce, reprenant le principe du bain de langage dans lequel il convient de se plonger pour maîtriser véritablement une langue. En favorisant la lecture double dans les usages les plus courants de la vie, on permet un accès facile, dès le plus jeune âge, à l'essentiel du vocabulaire et aux principes élémentaires de la syntaxe.

La facilité d'apprentissage est renforcée par le fait que l'amerlangue est une langue très simple, presque schématique. Il n'est qu'à voir la place qu'occupent les traductions sur n'importe quel emballage alimentaire : elles ne représentent que les deux tiers, voire la moitié du volume de texte occupé par la langue d'origine, ce qui psychologiquement est un argument positif, car ainsi les non-anglophones conservent le sentiment que leur langue est « supérieure » qualitativement. Curieusement, les pays qui ont le plus de mal à intégrer l'amerlangue sont les pays traditionnellement anglophones, car une partie de la population ne prend pas le temps d'apprendre le véritable anglais et se contente de l'amerlangue. Les spécialistes craignent à terme une disparition de la langue anglaise, malgré les efforts faits par certaines institutions dans le sens d'une préservation de l'anglais classique, la langue de Shakespeare, de Joyce et de Faulkner.

Il semble néanmoins que ce soit pour les anglophones le tribut à payer à l'adoption d'un langage emprunté à leur langue mère et beaucoup, d'ores et déjà, se sont résignés à voir l'anglais classique se transformer peu à peu en langue morte. Le paradoxe est que des langues comme le français, le russe ou l'espagnol, dont les locuteurs ont des années durant agité le spectre de l'anglicisation, se portent aujourd'hui à merveille, et connaissent même un renouveau grâce à tous les mouvements de réaction au doublexe.

En effet, de nombreux locuteurs de langues parlées par un petit nombre de gens (moins d'un million) préfèrent apprendre l'une de ces langues plutôt que l'anglais, considéré comme une langue déclinante.

L'utilisation de l'amerlangue comme sabir international n'est pas considérée comme digne d'un apprentissage appliqué. Mal parler l'amerlangue et ne la posséder qu'imparfaitement est jugé par ces amateurs de langues annexes, comme on appelle les grandes langues (plus de 100 millions de locuteurs), sans conséquence sur la qualité des échanges... La liberté d'usage que se permettent ses utilisateurs (en particulier dans les échanges électroniques) fait de l'amerlangue une langue qui évolue très vite et les linguistes, qui la considèrent comme la première véritable langue du XXIe siècle, l'ont qualifiée récemment de langue ultramutante à comportement illogique.

Tous les lecteurs de *1984* se souviennent du *novlangue*, la nouvelle langue censée remplacer l'ancienne. Dans un passage qui éclaire par une phrase emblématique le concept même du novlangue (« C'est une belle chose, la destruction des mots »), le philologue Syme explique à son ami Winston Smith comment la onzième et ultime édition du dictionnaire va imposer, d'ici 2050, une version réduite, compactée et sans imprécisions de la langue. Ce nouveau langage, dépourvu de toute ambiguïté, de toute approximation, épousera le discours unique du parti et exténuera toute pensée contradictoire, faute de mots pour la formuler.

L'appendice qui figure à la fin du roman et qui expose les principes, les types de vocabulaire et la grammaire du novlangue montre à quel point Orwell s'est penché dans le détail sur la structure de la langue, son usage et son pouvoir de subversion. Il a abordé le langage en tant qu'écrivain, mais aussi en homme épris de justice et de progrès social. Car si la langue est instrument de liberté et d'expression, elle peut également, dénaturée et appauvrie, devenir un terrible vecteur d'oppression.

C'est l'apport à la fois le plus personnel et le plus original d'Orwell à l'analyse qu'il a donnée des totalitarismes et des procédés de renforcement et d'élargissement du pouvoir. Les totalitarismes (et en particulier le communisme) ont très bien perçu la nécessité de contrôler la langue et si possible d'en limiter l'usage, en censurant les écrits, mais aussi en interdisant l'utilisation de certaines expressions, en prescrivant le remplacement de certains mots subversifs, qualifiés de bourgeois ou de réactionnaires, par d'autres, jugés conformes à l'idéologie du parti, en imposant des termes au sens ambigu, ou équivoque. L'on comprend bien tout l'intérêt pour un pouvoir totalitaire de s'emparer des mots et de geler le langage dans une formulation désincarnée, dont le sens a été modifié, et qui ne correspond plus à une réalité physique mais à un sens virtuel induit, dépossédant les locuteurs de leur pensée propre.

Pas un régime toutefois qui ne soit allé aussi loin que celui de Big Brother. On a affaire dans *1984* à une refonte totale de la langue, selon un processus absolu, qui va jusqu'à la destruction de l'ancienne langue. Les artisans du novlangue ont pour but non seulement de réduire le langage à « sa plus simple expression », mais aussi de revisiter tous les textes du passé et de les traduire, supprimant ainsi toute trace de la langue d'antan. Tous les textes anciens des grands auteurs sont retraduits et passés à la moulinette du nouveau langage.

C'est une entreprise absolument fascinante que cette réforme de la langue imaginée par Orwell et, pour un écrivain, un concept passionnant. Orwell innove véritablement lorsqu'il invente la contrainte imposée par le pouvoir d'une langue sans lien avec la réalité. Le régime de Big Brother va en effet beaucoup plus loin qu'une simple destruction de la culture, ainsi qu'ont pu la pratiquer (et la pratiquent encore) des régimes totalitaires sur certains territoires occupés. La culture ancienne n'est pas détruite, selon une modalité primaire de conquérant, elle est repensée, refondue et retraitée dans la nouvelle langue. Il n'est pas anodin que le héros du livre soit justement un employé du département des archives, un spécialiste de la retraduction. Il est au cœur du système, nul plus que lui n'a conscience de ce qui est en train de se passer.

Orwell, qui parlait plusieurs langues en dehors de sa langue maternelle (entre autres le français, le birman et l'hindi), considérait la simplicité grammaticale de l'anglais comme un avantage redoutable, car elle rend la langue très facile à pervertir. De son point de vue, plus la langue est simple, plus il est aisé d'en faire un outil de propagande efficace et c'est exactement le principe et la finalité du novlangue : réformer (reformer) la langue pour changer la pensée.

Orwell s'en prenait également au « standard english » (la langue des bulletins d'information, de la radio et de la presse en général) qui uniformise la langue et dont l'usage doit être combattu.

Aujourd'hui, la standardisation induite par le langage médiatique (essentiellement celui de la télévision), déjà stigmatisée par Orwell en son temps, menace certainement davantage la langue que l'introduction des anglicismes. Le danger vient bien de l'intérieur, car ce sont les médias et leur langage stéréotypé, réducteur, appauvri, qui exercent sur la langue la plus forte pression. La langue, parlée puis écrite, s'inspire de celle « entendue à la télé ». À cet égard, la télévision est un mode de diffusion très performant, car elle véhicule efficacement quantité de nouvelles expressions qui naissent dans les rédactions ou surgissent dans les émissions de divertissement, avant d'être reprises avec plus ou moins de bonheur par toute la société.

Chacun, insistait Orwell, doit s'employer à diversifier son vocabulaire, afin de faire échec à la décadence du langage.

Cette notion de décadence et de sclérose est fondamentale dans son discours, car l'appauvrissement de la langue est à ses yeux un point de départ vers l'asservissement potentiel de ceux qui la pratiquent.

Orwell ne parle pas de l'évolution naturelle de la langue, un processus normal et qui implique la création de néologismes, la modification du sens de certains mots, l'emprunt aux langues étrangères, l'intégration dans le vocabulaire des idiomes du langage parlé, etc. Ces changements sont des signes de vitalité et de santé, même si la perception d'une telle évolution est parfois considérée comme une perte, un recul, et même une trahison. C'est d'ailleurs souvent à cet aspect superficiel que s'en prennent ceux qu'inquiètent les modifications enregistrées dans la langue de tous les jours. À cet égard, le sentiment d'*invasion* (le mot à lui seul montre la violence ressentie) de la langue française par les anglicismes donne bien la mesure de cette perception.

Mais c'est au noyau vivant de la langue, à son cœur, à son essence qu'Orwell s'intéresse, lorsqu'il parle du déclin de sa langue maternelle. Il se trouve qu'il est anglophone, mais on peut transposer son discours à n'importe quelle langue, car toutes peuvent faire l'objet de cette sclérose interne.

Orwell s'oppose toutefois à la fatalité d'une perte sémantique de la langue et invite chacun à réagir à sa banalisation, à ne pas se soumettre au déterminisme supposé du langage, prétendument impossible à réformer de façon consciente.

Pour Orwell, et c'est à cela qu'il s'est employé toute sa vie, la littérature est un des rares moyens d'ajouter du sens au langage, de contourner la difficulté qu'ont les mots à rendre compte de la complexité des choses, mais aussi de l'essence de la pensée. La création littéraire permet d'introduire une dimension supplémentaire à la langue, celle qui donne aux mots, impuissants outils à jamais impropres à dire le monde dans sa subtilité, l'occasion de déployer leurs multiples significations, dans une sorte de transfiguration réservée à l'art, et à lui seul. Encore faut-il que l'art prenne pour sujet non pas lui-même mais la réalité sociale dans son acception la plus politique.

Si Orwell a conçu au début de sa vie d'écrivain le rêve d'être un pur artiste, isolé du monde par le truchement de l'activité créatrice, à l'écart des préoccupations triviales et matérielles, il a abandonné cette position et accepté non seulement ce que lui dictait sa conscience mais aussi ce vers quoi le guidait son « destin », cette sorte d'impérieuse voix intérieure qui constitue un homme et à laquelle il ne peut se soustraire.

Fromajor

C'est une grande victoire pour le pays-France que celle remportée par ses représentants à l'Assemblée européenne la semaine dernière. La date du 5 mars 2032 marquera le retour à une production ancestrale, qui a manqué disparaître totalement, après que la convention de Dole, signée en 2015, a rendu obligatoire la stérilisation des laits destinés à la fabrication des fromages. Toutes les unités traditionnelles avaient dû alors mettre aux normes leurs installations et reconsidérer leurs méthodes de production, selon les nouvelles directives. Beaucoup, en Normandie, en Savoie et dans le Jura, avaient préféré fermer leurs portes plutôt que de se plier à ce que le mouvement Sapeur Camembert avait appelé alors la « mort du goût ».

À l'époque, ce n'est pourtant pas ce qui a favorisé l'apparition d'une production clandestine, mais les arguments développés, avant la mise en place des instructions européennes, par une équipe de chercheurs spécialisés dans les propriétés des fromages au lait cru. L'équipe a démontré que ce type de fromage (en particulier le comté, de par son mode de fabrication et de maturation) renfermait des molécules de *fromajor*, un acide gras essentiel dans la prévention de la maladie d'Alzheimer. Cette communication, publiée à partir de 2007 dans plusieurs revues scientifiques, a été écartée du dossier européen, au grand dam de ses auteurs, qui avaient cru tenir un argument de poids en faveur de la survie des laiteries traditionnelles.

Des crédits avaient toutefois été débloqués par Bruxelles en direction d'autres équipes de chercheurs, britanniques et danoises, afin de compléter cette recherche et de la valider. Elles eurent plutôt pour effet de l'invalider et de disperser les travaux vers d'autres objets, sans rapport avec la molécule en question.

Toujours est-il qu'au moment de la convention de Dole, il n'était plus question du fromajor et personne n'osa évoquer les qualités des fromages d'antan, dans un contexte rendu particulièrement sensible par les épidémies alimentaires des années précédentes.

Contre toute attente, le retournement de l'opinion est venu des États-Unis. L'un des chercheurs de l'équipe « comté-santé » avait quitté la France après l'échec de la théorie sanitaire, et il fut approché, alors qu'il travaillait à l'université de Seattle, par une grande compagnie américaine de produits pharmaceutiques qu'intéressait le concept du fromajor.

Le chercheur français y développa de nouveaux travaux, qui vinrent renforcer les découvertes précédentes. Les Américains, toujours soucieux de leur santé, furent emballés par la nouvelle molécule et par son support si original. Car manger du fromage au lait cru apparaissait à leurs yeux comme une aventure non seulement exotique, mais tout à fait audacieuse, presque de l'ordre de l'expérience subversive.

Où pouvait-on se procurer le merveilleux comté ? Plus aucune fromagerie ne le fabriquait en France. Bientôt pourtant on vit renaître, de l'autre côté de la frontière, en Suisse, de petites unités de production qui faisaient appel aux anciens fromagers de la filière lait cru, et qui reprirent la fabrication du comté traditionnel sous l'appellation Fromage-Or, dont la devise était *L'or des montagnes.*

La Suisse n'appartenant pas à la Communauté européenne, les producteurs échappaient aux lois de Bruxelles et c'est ce qui rendit possible le retour à une fabrication artisanale, et l'emploi de lait cru. Les Américains achetaient toute la production. Il ne fallut pas plus de deux ou trois ans pour que se mette en place un trafic transfrontalier de comté. Les inspecteurs européens chargés de veiller à l'application des normes de fabrication découvraient toutes les semaines des stocks de fromages « à l'ancienne », mais à plusieurs reprises, ils démantelèrent également des réseaux de petites laiteries, disséminées dans le Jura français, qui fabriquaient clandestinement du fromage au lait cru.

D'après leurs rapports, on comptait en 2020 plus d'une centaine d'exploitations de ce type, rien que dans la région de Poligny, centre historique de production du comté. Les consommateurs affluaient qui achetaient par internet les précieuses meules. Le fromage était livré par la poste, emballé sous vide dans des colis isothermes.

Dans un premier temps, Bruxelles ferma les yeux, conscient du sacrifice que l'abandon des fromages au lait cru avait représenté pour les Français. Puis, le trafic s'intensifiant, il apparut que les exportateurs pratiquaient des marges exorbitantes et, surtout, ne payaient aucune taxe, puisque le commerce de fromage au lait cru était illicite.

Bruxelles durcit sa position lorsque le fromajor fut synthétisé en laboratoire. La molécule était désormais accessible, il n'y avait donc plus besoin de manger des fromages au lait cru. Une admonestation fut adressée à la France dont le gouvernement s'était montré assez laxiste (le chef de l'exécutif, natif du Jura, était lui-même grand amateur de comté traditionnel). Une loi de prohibition fut mollement votée. Les sanctions étaient dérisoires, l'application de la loi très arbitraire. La création des brigades européennes de sécurité alimentaire permit de limiter le trafic, mais pas de l'endiguer.

C'est sur une proposition du Syndicat des productions agricoles que le ministre de l'Alimentation déposa auprès du Parlement européen une demande de révision exceptionnelle de la loi. En vertu de son statut de pays-musée, la France souhaitait permettre le retour à la fabrication traditionnelle du fromage, pour une dizaine de variétés spécifiques, dont le comté, le roquefort, le camembert et le crottin. Des principes gastronomiques, économiques, touristiques et politiques furent avancés, les autres pays membres furent consultés et la dérogation fut finalement accordée, en partie pour mettre un terme à la crise du lait cru, mais également parce que la France venait d'être classée, pour plus d'un tiers de son territoire, parc touristique international. L'Europe jugea sans doute que cette appellation méritait que l'on conservât certaines pratiques et héritages du passé, lesquels participaient, par le biais du fromajor, à la préservation directe de la mémoire individuelle.

Orwell, pour être révolutionnaire, n'en était pas moins attaché à une certaine tradition, faite de détails propres à l'Angleterre, de symboles et de signes relevant d'une culture autant que d'un état d'esprit (*the nice cup of tea*), d'une communauté, d'un pays, d'une idée de la civilisation. Ce n'est pas le moindre des paradoxes de sa personnalité toujours surprenante. Sans nourrir de mélancolie particulière pour ses jeunes années, Orwell éprouvait pour la modernité, les machines et les inventions une aversion naturelle. Il ne croyait pas dans le progrès mécanique et considérait la peur instinctive des gens pour les « avancées de la science » et les améliorations de la technique comme parfaitement justifiée.

C'est son sens de l'attachement à des valeurs héritées du passé qui l'ont conduit à se définir comme un « anarchiste tory » (conservateur), formule qu'il avait déjà utilisée pour désigner Swift, qu'il admirait et dont il avait été, dès son jeune âge, un lecteur passionné. Il entrait beaucoup d'humour dans cette définition de lui-même et néanmoins beaucoup de sincérité, bien que ses positions, en décalage total avec celles des intellectuels de gauche de l'époque, lui aient attiré bien des critiques. Son refus de jeter au panier l'héritage des générations précédentes, de « faire table rase » du passé, lui a souvent valu d'être pris pour un traître à la cause du socialisme, un réactionnaire justifiant les pires soupçons, et a certainement fondé une grande part de l'incompréhension dont il a été (et demeure) victime, tout en lui attirant des inimitiés solides au sein de la gauche britannique. Orwell a pourtant expliqué à maintes reprises en quoi conserver certaines valeurs traditionnelles n'était pas un signe d'antiprogressisme, et insisté au contraire sur la nécessité d'asseoir la révolution de demain sur un substrat de notions chères à la communauté, garantes de sa cohésion.

Car il y a dans l'attachement, tant à des personnes qu'à des habitudes ou à des lieux, un élément de liberté indispensable, qui relève pour Orwell non seulement de la liberté individuelle, mais de l'essence même de la liberté du genre humain. Il ne s'agit pas d'une quelconque « nostalgie des origines » mais bien d'un principe philosophique de l'enracinement, qui s'oppose au détachement, au reniement, au « meurtre du père » qui fonde la pensée de gauche, comme l'explique très clairement Jean-Claude Michéa[1].

1. Jean-Claude Michéa, *Orwell, anarchiste tory*, Climats, 2000.

Ce thème cher à Orwell, souvent repris dans ses essais, est le fil conducteur de son roman *Un peu d'air frais*, dans lequel un Anglais moyen part, l'espace de quelques jours volés à son quotidien, à la recherche d'un hier révolu et de ses souvenirs d'enfance. Orwell explore la dimension temporelle de l'existence, à travers celle d'un individu, de son histoire personnelle et de sa perception de la fuite du temps. Au-delà du parcours d'un seul homme, c'est aussi la temporalité de l'humanité en tant que groupe social s'inscrivant dans une dimension historique qui est abordée.

À cet égard, *Un peu d'air frais* constitue, aussi sûrement que n'importe lequel de ses essais politiques, un manifeste des idées d'Orwell tout à fait éclairant. C'est à mon avis, si l'on excepte *1984* qui occupe une place à part dans son œuvre, son roman le plus réussi. On peut voir d'ailleurs dans ce monologue d'un homme aux prises avec les changements de son époque, assailli par les questionnements et les doutes, le cheminement qui conduit peu à peu Orwell vers l'écriture de son plus célèbre roman. Sa relation au passé occupera, dans *1984*, une place très importante.

La falsification du passé, des archives et de la mémoire, la reformulation permanente de l'Histoire constituent un des éléments les plus vertigineux du pouvoir de Big Brother, non seulement parce que cette recomposition incessante et toujours renouvelée de l'image du passé entraîne une logistique démesurée, un travail de titan, mais parce que la vérité historique est gommée, reconstituée pour venir apporter au présent sa base cohérente et logique.

On retrouve cette thématique de la falsification du passé dans *Animal Farm* – « Tous les animaux sont égaux, mais (il semble que cela ait été rajouté) il y en a qui le sont plus que d'autres. » –, sous la forme des Sept Commandements, inscrits sur le mur de la grange, et dont les animaux découvrent, au fil du temps, la modification subtile. C'est toutefois dans *1984* qu'Orwell va le plus loin dans l'extrapolation des méthodes des régimes totalitaires qui réécrivent l'Histoire à leur convenance et brouillent la mémoire pour mieux déréaliser la conscience des individus, incapables de recourir à leurs propres souvenirs, sans cesse revisités par la version qu'en donne le pouvoir officiel. Tout comme les animaux de la ferme finissent par douter de tout et s'en remettent, lassés de lutter contre les défaillances supposées de leur mémoire manipulée, à ceux qui les maintiennent dans un présent perpétuel, sans passé ni avenir, Winston Smith abandonne le combat et admet, dans une ultime reddition, l'absurde « deux et deux font cinq ».

Guérillon

Petit soldat. La guerre s'est transformée depuis le XXe siècle et, au déploiement de grandes armées sur un front, on préfère les combats disséminés, visant des objectifs ponctuels, nécessitant adresse et rapidité d'action. Les armées de métier ayant quasiment disparu dans les grands pays industrialisés, on recrute désormais des régiments de très jeunes gens, filles et garçons, dont la moyenne d'âge ne dépasse pas treize, quatorze ans. Ces adolescents, le plus souvent venus des pays africains, pratiquent une sorte de guérilla audacieuse et déroutante, d'où leur nom de *guérillons*.

Le mot s'est imposé depuis la guerre du Yémen, en 2015, et aujourd'hui, presque toutes les grandes puissances entretiennent à distance ces bataillons de petits sauvages, très bien entraînés et dénués de toute peur, ce qui les rend particulièrement dangereux. La plupart sont atteints d'un ou plusieurs virus mortels (VIH, hépatite Y, encéphalite cactiforme) et leur unique but est d'accumuler assez d'argent pour venir finir leurs jours (on sait dans quelles souffrances meurent les malades touchés par une polyvirose) dans un de ces centres de repos pour agonisants dont l'Espagne s'est fait une spécialité.

Les tarifs sont exorbitants, les conditions de vie luxueuses, les soins permanents. La clientèle est presque exclusivement composée de très jeunes patients, la plupart ayant fait partie de ces armées de guérillons, à la solde d'un ou plusieurs pays. La psychologie de ces enfants a été étudiée par le Dr Riel, qui s'est intéressé aux premiers arrivants des centres de santé danois, pionniers en matière de cellules isothermes, dont l'usage s'est répandu par la suite dans toute l'Europe. Les résultats de ses travaux sont désormais connus, ce que plusieurs organisations humanitaires avaient dénoncé est maintenant avéré : ces jeunes soldats vivent dans une indifférence physique et mentale extrême, ils sont sans foi ni loi, se battent presque par jeu, sans aucune conscience de la cause qu'ils défendent.

Il n'y a chez eux aucune empreinte des codes sociaux les plus élémentaires, comme s'ils n'avaient jamais eu de contact avec un groupe social quel qu'il soit. Curieusement, ils sont très disciplinés à l'entraînement et se montrent capables d'une concentration hors du commun, que ce soit dans l'apprentissage des techniques de combat ou dans le respect des consignes, comme c'est le cas pour les micro-attaques les plus sophistiquées demandant une minutieuse préparation et une exécution sans faille.

Sollicités par certains psychiatres, des généticiens se sont penchés sur le cas de ces guérillons, car il est tout à fait improbable et inhabituel de rencontrer des composantes comportementales aussi opposées au sein d'un même type de personnalité, et ce qu'ils ont découvert a passionné la communauté scientifique. Il s'agirait d'un nouveau mode de dérèglement génétique, induit par les différents virus présents dans l'organisme et dont la cohabitation en association de parasites provoquerait des réactions chimiques inattendues, pouvant modifier la séquence ADN, sans altérer les fonctions vitales.

À la demande de la communauté scientifique, qui entend poursuivre ses études sur des cas aussi intéressants, la résolution qui visait à réglementer l'enrôlement des jeunes soldats – interdiction de recruter des jeunes filles enceintes, des enfants de moins de onze ans, des jeunes gens en phase pré-terminale de leur maladie – ne sera pas votée prochainement, comme il en était question. Les pressions faites jusqu'à présent sur les deux principaux employeurs de guérillons (États fédérés d'Asie et Europe) ont été suspendues, provisoirement espère-t-on.

Mais ce n'est pas tant le sort de ces petits Africains qui dérange le plus les opposants à l'usage de guérillons dans les conflits qu'un souci prophylactique. En effet, les jeunes soldats propagent les maladies dont ils sont porteurs sur le terrain des combats et l'on commence même à parler de guerre bactériologique indirecte.

Certains ont avancé qu'ils seraient choisis à dessein à cause de leur état de santé, puisqu'ils se comportent à leur insu comme de véritables bombes à virus. Quoi qu'il en soit, ils représentent un danger supplémentaire dans les conflits auxquels ils participent, et l'on craint, indépendamment du risque de mutations incontrôlées, de générer des foyers d'épidémies là où il n'était question que de rétablir la paix.

La notion de paix est aujourd'hui devenue toute relative, mais il demeure une volonté internationale de pacifier les foyers de turbulence, ainsi que l'on désigne aujourd'hui les régions dont les gouvernements ne se sont pas ralliés à l'un des blocs majeurs, lors de la Convention mondiale de 2023.

Les combats bactériologiques étant réglementés de la manière que l'on sait, et leur utilisation très strictement limitée aux seuls conflits maritimes, il ne serait plus possible d'avoir recours aux bataillons de guérillons s'il était prouvé qu'ils sont porteurs de germes très contagieux, dont la transmission ne nécessite pas le contact direct avec l'ennemi. On comprend, à la lumière de ces nouvelles informations, que le destin de ces quelques milliers de jeunes individus vienne brusquement, après des années d'indifférence à leur sort, sur le devant de la scène.

Orwell savait se battre. Il avait fait de la boxe dans ses jeunes années, avait suivi en Birmanie l'instruction militaire des policiers de l'Empire, et lorsqu'il s'engagea dans les milices espagnoles au côté des antifranquistes, il s'attendait à aller au combat, à tirer des coups de fusil, à être blessé et peut-être même tué.

Il fut horrifié lorsqu'il prit conscience de la désorganisation et surtout de la pénurie d'armes dans les rangs des milices. Quoi ? Pas même un bon fusil ! Pas même une mitrailleuse... Il est intéressant de noter à ce propos que sa formation de policier en Birmanie lui fut de quelque utilité, des années plus tard, lorsqu'il lui fallut instruire les jeunes miliciens totalement ignorants des réalités de la guerre, et combattre lui-même, avec d'ailleurs beaucoup de courage et d'abnégation. Une manière de rééquilibre dans son existence parfois déroutante et singulièrement atypique...

Orwell rejoignit les miliciens du POUM (Parti ouvrier d'unification marxiste) à la fin du mois de décembre 1936. Il participa à la guerre de tranchées sur le front d'Aragón, dès les premiers jours de janvier, et y demeura jusqu'à la fin du mois d'avril 1937. Il revint à Barcelone début mai, pour une permission rien moins que reposante (combats de rue, émeutes, siège du central téléphonique de la ville).

Il fut blessé le 20 mai, quelques jours après son retour au front, d'une balle qui lui transperça la gorge, juste au-dessous du larynx, sans rien toucher de vital. Sur le moment cette blessure, aussi spectaculaire que miraculeusement bénigne, lui ôta la voix, qu'il retrouva un peu plus tard, quoique légèrement voilée et affaiblie.

Le récit que fait Orwell des six mois passés en Espagne (*Hommage à la Catalogne*), de janvier à juin 1937, est un extraordinaire document, dont je conseille vivement la lecture à quiconque veut vraiment comprendre qui était George Orwell. Toute sa personnalité est dans ces pages. Outre la dimension historique du texte, témoignage de première main sur ce que fut sur le terrain la guerre d'Espagne, *Hommage à la Catalogne* montre bien comment la guerre est avant tout un outil politique, servant une cause qui n'a que peu à voir avec celle défendue par les combattants.

En filigrane du récit détaillé de la vie au jour le jour dans les tranchées, en plein hiver, Orwell met en lumière toute la trame politique d'un affrontement qui, d'une certaine manière, se joue ailleurs. La révélation du cynisme absolu de l'attitude des communistes fera de lui un adversaire définitif et virulent des staliniens.

Dans deux annexes qu'il recommande, à ceux que pourraient choquer les effets d'une politique partisane, de ne pas lire, Orwell décrit la façon dont les communistes ont mystifié l'opinion internationale en faisant passer les trotskistes pour des alliés des fascistes, des traîtres à la cause, dans l'unique but de profiter d'une situation qui servait leurs intérêts, sans se soucier du déni que cela représentait pour quantité de combattants, espagnols mais aussi étrangers venus de toute l'Europe prêter main-forte aux adversaires de Franco, engagés dans les milices du POUM ou les rangs anarchistes.

C'est une véritable leçon de politique que présente Orwell dans ces deux appendices, mais le livre est avant tout un récit poignant de ce qu'est la guerre de tranchées au quotidien : une affaire sale, misérable et écœurante, une des pires situations dans laquelle puisse se trouver un être humain, aux prises avec la crasse, le froid, la malnutrition, la peur de l'ennemi et l'angoisse perpétuelle de se faire tuer absurdement.

Orwell pourtant ne se contente pas d'être là en observateur, il participe très activement. C'est sans doute l'élément le plus remarquable de sa personnalité, d'avoir disposé en toute chose d'un sens pratique très sûr. Non qu'il se réjouisse à l'idée d'abattre l'ennemi, mais il ne se dérobe jamais, et fait preuve de beaucoup de témérité dans les quelques assauts qu'il aura l'occasion de mener au cours de cette curieuse guerre de positions.

Ce que retiendra Orwell de ces mois de guerre sera, contre toute attente, malgré les conditions de vie insupportables et la révoltante conclusion de son séjour (il devra fuir en hâte pour ne pas être arrêté par les communistes), porteur d'un rêve merveilleux, celui de l'avènement d'un vrai socialisme, tel qu'il a pu le vivre en Catalogne où soudain les classes sociales se trouvaient abolies, les privilèges soufflés par un élan révolutionnaire qui faisait régner l'égalité, au sein d'un microcosme nourri d'un fol espoir. L'expérience espagnole a constitué une sorte de laboratoire pour un socialisme idéal, qui restera pour Orwell la référence absolue et la preuve irréfutable que le modèle socialiste est non seulement viable, mais possible.

Le paradoxe est qu'il faille, pour accéder à cette société de justice et d'égalité, livrer bataille et s'éloigner considérablement de l'idée initiale, qui consiste à souhaiter la paix, l'harmonie et l'entente entre les peuples.

Quand débuta la Seconde Guerre mondiale, Orwell, dans un accès de patriotisme proche de la révélation, prit énergiquement parti pour la guerre, contre le nazisme et le fascisme, allant même jusqu'à quitter l'Independant Labour

Party (ILP) auquel il appartenait depuis 1938 et qui, fidèle à son pacifisme, s'opposait au conflit.

Dans cette prise de position d'Orwell, il y avait le sentiment très clair qu'entre deux maux, il faut choisir le moindre, et que si le gouvernement de son pays n'était pas exempt de défauts, il présentait néanmoins infiniment plus de qualités que ceux imposés par Hitler et Mussolini.

Orwell devint alors une sorte de révolutionnaire patriote, qui voyait dans la constitution d'une garde civile, sur laquelle il fondait beaucoup d'espoirs, une sorte de milice populaire identique à celles qu'il avait pu connaître en Catalogne.

Il intégra en juin 1940 une section londonienne de la Home Guard, avec le grade de sergent, et insista auprès de ses amis socialistes pour que des hommes de gauche viennent le rejoindre dans cette organisation qui, pour être militaire, n'en était pas moins le lieu d'un brassage peu commun et rassemblait sans distinction toutes les classes sociales.

Orwell avait alors dans l'idée de reproduire ce modèle de milice égalitaire dont il avait eu un aperçu quatre ans plus tôt, et qui lui semblait être la forme armée idéale dans sa lutte pour une société plus juste et plus fraternelle.

Il entra aussi à la BBC comme producteur de programmes culturels à destination de l'Inde et du Sud-Est asiatique. De 1941 à 1943, Orwell commenta les nouvelles dans une émission hebdomadaire et invita nombre de poètes et d'écrivains britanniques – tels T. S. Eliot ou E. M. Forster – à venir parler à la radio. On ne peut nier qu'il s'agissait plus ou moins de propagande en direction des pays concernés, mais Orwell s'efforçait de donner à son propos autant de dignité que le lui dictait sa conscience, sans jamais renier ses opinions politiques.

Il laissa de côté pour un temps son anti-impérialisme pour n'exprimer que son antifascisme. Il aurait voulu être correspondant de guerre, mais les services de santé de l'Armée le déclarèrent inapte au service à cause de ses problèmes pulmonaires (il était déjà atteint de tuberculose).

Il partit tout de même pour la France en mars 1945, pour le journal auquel il collaborait depuis 1942, *The Observer*, et couvrit la libération de la France et les débuts de l'occupation de l'Allemagne, avant qu'une attaque de pneumonie (ou une hémorragie pulmonaire) le ramène précipitamment de Cologne à Londres, où il devait, en conclusion tragique de ces années noires, apprendre la mort soudaine de sa femme Eileen.

Interlangue

On met en place actuellement la première phase d'expérimentation d'un programme de développement linguistique, pratiqué sur un groupe d'humains-clones. L'expérience porte sur de très jeunes enfants qui seront élevés en *interlangue* et ne parleront que cette langue jusqu'à l'âge de six ans.

On sait qu'à la naissance, le bébé humain est capable de traiter avec la même attention les sons de toutes les langues. Vers l'âge de sept mois, son cerveau s'oriente préférentiellement sur l'écoute et la mémorisation de la langue la plus entendue, celle de sa mère ou de la personne qui s'occupe de lui, et l'apprentissage des mots de cette langue se fait alors de manière accélérée. À partir de ce moment, les organes du langage (larynx, pharynx, voile du palais, langue, lèvres, etc.) se concentrent sur un groupe de phonèmes et abandonnent une partie des possibilités qui leur sont offertes, perdant définitivement la faculté de prononcer certains sons.

L'idée du programme linguistique est de faire vivre les jeunes enfants-clones dans un bain de langage où le plus grand nombre de sons sera entendu, mémorisé et parlé.

Pour mémoire, l'interlangue a été élaborée par des spécialistes du langage, elle est constituée de quelques centaines de mots et renferme la plupart des phonèmes entendus dans toutes les langues. Les règles grammaticales sont calquées sur celles du français et du mandarin, choisis pour leur complexité. Les enfants s'exercent dès leur plus jeune âge à prononcer une grande variété de sons très différents, profitant au maximum des possibilités de leur appareil linguistique, et se familiarisent avec une syntaxe et une grammaire sophistiquées, qu'ils enregistrent naturellement, puisque ce sont celles de leur langue maternelle. Il leur est ensuite très facile d'apprendre d'autres langues, puisque rien de ce qui fait la diversité et la disparité des langues ne leur est étranger.

Le traitement d'une quantité accrue d'informations en rapport avec le langage devrait provoquer une hypertrophie de l'hémisphère gauche du cerveau et l'on se demande, en vertu de la théorie très audacieuse du Pr Dumont, selon laquelle l'hémisphère droit s'adapterait à cette nouvelle situation en rééquilibrant son volume, à quoi seraient alors dédiées les zones nouvellement apparues.

Un autre aspect intéressant de cette expérience concerne le traitement de certaines affections psychosomatiques décelées chez les humains-clones, qui résultent de ce que les psychiatres ont nommé « syndrome du même ». En effet, en l'absence de brassage de deux génomes distincts – ceux des parents, dans la reproduction classique –, l'individu issu de procréation somatique est la reproduction d'un schéma génétique déjà existant, et se trouve pris dans une sorte de prison mentale, tant les liens entretenus avec la mère sont étroitement serrés et difficiles à briser, puisque tout éloignement est vécu comme un déni de soi.

En travaillant à l'élargissement du langage, et en particulier avec le support de l'interlangue, les spécialistes du clonage espèrent compenser, par une ouverture au monde facilitée, les problèmes de communication rencontrés chez de nombreux enfants-clones.

Les expérimentations d'apprentissage de l'interlangue, qui ont déjà commencé en milieu ouvert, vont se poursuivre en espace clos – probablement sur des îles inhabitées aménagées pour les besoins de l'expérience – afin d'étudier l'influence du milieu sur le développement des zones du cerveau dédiées au langage. On s'est aperçu en effet récemment que la présence de certains gaz rares ou de certains composés chimiques pouvait avoir une influence stimulante, ce qui permettrait, si ces présomptions sont confirmées, de bien différencier, dans les processus d'apprentissage d'une langue, la part liée à la génétique et celle liée à la chimie interne du cerveau.

On comprend aisément l'intérêt qu'il y a à pratiquer ces recherches sur des individus dont on connaît parfaitement le patrimoine génétique. Un groupe témoin d'humains naturels sera cependant observé en parallèle.

Un des objectifs de ce programme est d'étudier les effets sur les schémas mentaux de l'interlangue comme langue maternelle, et cela à l'échelle d'une colonie entière. Les créateurs de l'interlangue pensent dès à présent que le choix du vocabulaire et des règles grammaticales devrait modifier les représentations mentales des locuteurs dont elle est la langue maternelle, mais d'autres chercheurs, qui étudient la compréhension qu'ont les enfants, à différents stades de leur développement, des entités et des phénomènes mentaux, mettent en avant leurs travaux récents sur la théorie de l'esprit pour affirmer que l'usage de l'interlangue pourrait entraver certaines formes de communication.

Quels qu'en soient les résultats, cette expérience intéresse de nombreux chercheurs, linguistes, biologistes, psychologues, orthophonistes, spécialistes du cerveau, qui tous y voient une opportunité formidable d'étudier, au cours des processus d'apprentissage d'un nouveau langage, l'élaboration des structures mentales de communication.

Ce programme de recherche vient s'inscrire dans le cadre des travaux d'amélioration du genre humain, qui visent à accélérer le lent processus de l'évolution et à l'orienter vers des états supérieurs de l'espèce, qui permettront aux êtres humains de s'affranchir de quantité de données physiques aliénantes, tout en développant une complexité cérébrale qui devrait autoriser des échanges beaucoup plus intenses et rapides, de plus en plus dégagés de la matière.

Dans son approche de la réforme du langage, Orwell s'est intéressé aux langues universelles, créées çà et là dans toute l'Europe selon des modèles assez divers et visant pour la plupart à réduire les difficultés d'expression et à offrir au plus grand nombre une langue d'usage simple. Du volapük à l'espéranto, en passant par la mundo-lingue et le novial, on compte des dizaines de propositions de langues universelles, qui pour la plupart ne furent jamais parlées.

Orwell fut sensibilisé à cette question de la langue unique par le biais de l'espéranto, car il séjourna à Paris (en 1928) chez une de ses tantes, Nellie Limouzin, qui vivait avec Eugène Adam, fondateur d'un des principaux mouvements de la Gauche espérantiste. Quelques années plus tard (en 1934), ce fut la même tante Nellie qui recommanda Orwell à ses amis Westrope, propriétaires à Hampstead de la librairie où le jeune homme travailla plusieurs mois. Booklover's Corner était une librairie espérantiste. Orwell fut donc assez étroitement en contact avec le milieu espérantiste, et eut le loisir d'étudier de près cette langue « nouvelle », porteuse d'une belle utopie.

Il s'intéressa également à l'interglossa, créée par Hogben (1943), et au basic english (1929) de Richards et Ogden, une version réduite et utilitaire de l'anglais classique. Si Orwell s'est inspiré de ces tentatives de dépouillement de la langue pour créer son futur novlangue, il a très vite compris que trop de transparence et de maîtrise conduisait le plus souvent à un obscurcissement du signifié, à une opacité qui ne pouvait conduire qu'à la perte totale du sens.

Par ailleurs, l'écoute attentive et critique de la langue de bois des hommes politiques (staliniens ou autres) lui fut aussi utile dans l'élaboration du novlangue que l'intérêt qu'il portait aux tentatives de simplification artificielle du langage. On retrouve dans la langue de l'Océania les déformations les plus flagrantes des langues de bois, soviétique ou autres.

Le problème de la langue unique inspirée de diverses langues est qu'elle repose sur un substrat culturel multiple et divergent, et une base sémantique trop large risque de nuire aux principes de cohérence et d'unité. Pour faire cohabiter les différentes grammaires, pour marier les syntaxes, on est contraint de les réduire au plus petit dénominateur commun, et c'est d'ailleurs un des principes de l'espéranto, qui avait pour idéal l'abolition des conflits et des différends entre les peuples enfin réunis par une langue commune. Dans quelle mesure la simplification proposée permet-elle une expression et une pensée aussi subtiles que dans n'importe quelle autre langue ? C'est apparemment le talon d'Achille des langues recomposées, pratiquant la simplification grammaticale. Car c'est la richesse de la langue qui la rend forte, pas sa limpidité ni sa simplicité.

Une langue s'ancre dans son histoire, dans sa littérature et sa culture, dans ses chansons, ses contes, ses locutions et expressions héritées des siècles passés. Supprimer cette richesse paraît invraisemblable et l'on ne voit pas comment une langue nouvelle, débarrassée de cet enracinement dans le substrat qui la constitue, qui lui donne son épaisseur et en fait sa « chair vivante », peut voir le jour artificiellement, et réunir les qualités nécessaires à une expression sophistiquée, complète.

C'est évidemment une question passionnante et qui a occupé une place importante dans l'imaginaire d'écrivains comme Jonathan Swift et ses *Voyages de Gulliver* dont Orwell était un fervent lecteur.

Orwell a traité de la question du langage dans plusieurs essais, et particulièrement au cours des dix dernières années de sa vie, tandis que l'idée de *1984* germait et faisait son chemin dans son esprit. Le motif le plus fréquemment évoqué dans les textes où Orwell s'exprime sur le sujet

– ce sont pour la plupart des pamphlets politiques, tels *The Lion and the Unicorn*, *Politics and the English language*, *Politics* vs *Literature*, etc. – est celui de la relation étroite entre clarté du langage et vérité, ou si l'on préfère inverser l'image, entre corruption du langage et dérive du sens. Il illustrera ce principe avec les trois injonctions paradoxales qui constituent les slogans majeurs du régime de Big Brother, *La guerre c'est la paix*, *La liberté c'est l'esclavage*, *L'ignorance c'est la force.*

Tout comme Winston Smith voyait dans les prolétaires la seule voie de salut de l'Océania, Orwell considérait que les couches populaires étaient dépositaires de la « vraie langue ». Selon lui, le prolétariat et la classe ouvrière insufflent au langage la richesse de la vie, tout simplement parce qu'ils sont en prise directe avec ses réalités matérielles les plus physiques, tandis que les élites éduquées parlent une langue affadie, désincarnée, dépossédée de ses images et de leur pouvoir d'évocation. D'où une mainmise du pouvoir sur le corps de la langue, et la perte de sens qui en découle, puisque ce sont les élites qui s'expriment et disposent des moyens de se faire entendre. On peut discuter ce point, et ne pas suivre Orwell dans cette opinion. Pour sa part il s'est toujours attaché à rendre à la langue sa simplicité, sa clarté et sa précision. Orwell aurait voulu une langue transparente, ce qui, d'une certaine façon, est contradictoire avec le principe même du langage, lieu d'échanges et de compréhension, mais aussi de rêve, de poésie, de subtilité et de mystère.

C'est sans doute l'un des plus intrigants paradoxes d'Orwell qui, tout en se faisant le champion de la limpidité linguistique, a écrit un livre (*1984*) qui a donné lieu dans son interprétation à tant de contresens... Serait-ce justement l'aveu d'une illusion perdue, celle d'un langage exempt de toute ambiguïté, de toute confusion, ou la reconnaissance de cette exceptionnelle richesse que nous apporte la pratique d'une langue dans ce qu'elle a d'infiniment complexe, pour peu que l'on veuille bien en suivre les innombrables méandres et en accepter les plus surprenants cheminements ?

Journaleste

C'est ainsi que l'on a appelé, dès les premières années du XXIe siècle, les journalistes venus des pays d'Europe de l'Est. Ces éditorialistes, journalistes politiques, enquêteurs, pigistes et chroniqueurs ont apporté dans les rédactions des principaux journaux de l'Ouest, des méthodes de travail et un savoir-faire qui ont modifié sensiblement la façon dont l'information, dans la décennie qui a suivi, allait être traitée.

L'habitude de présenter les nouvelles selon des règles précises, sans dévier d'une ligne politique stricte déterminée par le régime, avait donné à ces journalistes de l'Est une grande souplesse vis-à-vis du fait relaté, une aptitude à enrober, à enjoliver, à minimiser d'un côté, à grossir de l'autre, à adapter en quelque sorte, si bien que leurs articles présentaient toujours cette manière romanesque et délicieusement haletante, « à la russe », disait-on dans les années 2010.

De nombreux journalistes occidentaux ont cherché à copier cette forme dont le public s'est vite entiché, et ont imité les *journalestes*. Cela a changé sensiblement la nature de la presse écrite, aussi bien dans son contenu que dans le traitement de l'information.

Mais là où les journalistes de l'Est avaient été inspirés par la nécessité politique de régimes manipulateurs, on a assisté chez les nouveaux journalestes à une outrance dans la mise en forme, qui versait dans le sensationnalisme, au détriment de l'enquête, de la vérification des faits et du recoupement des indices. Les choses se sont faites progressivement, si bien que le public n'a pas pris garde à la dérive de la forme, qui tendait de plus en plus vers une presse à sensation, délaissant l'information telle qu'elle se délivrait auparavant.

On peut lire désormais dans les journaux des articles invraisemblables, faisant état d'interprétations échevelées, des analyses politiques dans lesquelles se mêlent des chroniques de la vie privée des dirigeants mentionnés, des narrations pleines de lyrisme d'événements extraordinaires auxquels sont supposés avoir assisté des reporters partis en mission spéciale. Au fond, la presse écrite suit un mouvement observé principalement à la télévision, d'une emphase toujours plus grande dans la présentation de toutes sortes de détails sans importance et d'une tendance au divertissement pur, exempt de questionnements, de réflexion, de mise en perspective.

Il faut dire que les nouvelles étant le plus souvent porteuses de découragement et d'angoisse (guerres çà et là, chômage, pauvreté, accidents, inquiétude des places boursières, déséquilibres écologiques, violence urbaine, catastrophes naturelles, perte des acquis sociaux, etc.), les gens ont fini par se désintéresser de la presse écrite, au profit des petits magazines gratuits que l'on trouve maintenant partout, et qui présentent de petites histoires, comiques ou non, mais toujours plaisantes à lire, sous forme de bandes dessinées.

Cela a représenté depuis quelques années une concurrence suffisamment importante pour inquiéter les principaux journaux, qui ont dû trouver le moyen de faire revenir à eux un lectorat de plus en plus difficile à fidéliser.

Des quotidiens réputés pour leur sérieux, de grands magazines, des revues spécialisées sont passés sous la férule de rédacteurs en chef issus de la branche journaleste. Les écoles de journalisme elles-mêmes se sont adaptées, et l'on enseigne maintenant aux apprentis journalistes la manière leste de présenter les nouvelles.

Les agences de presse se sont également mises à la mode du jour. Leurs dépêches sont désormais assorties d'une liste d'axes de traitement permettant aux journalestes d'aborder le sujet sous l'angle le plus « intéressant » (c'est ainsi que l'on désigne les thèmes susceptibles de retenir l'intérêt et l'attention du public), lesquels sont eux-mêmes étayés d'informations supplémentaires (*infos annexes*, dans le jargon journalestique) destinées à aider les journalestes dans leur travail. Lorsqu'il est question de personnalités politiques, par exemple, ces infos annexes concernent leur vie familiale et privée, leurs goûts personnels (mode, gastronomie, loisirs, etc.), et renvoient par des liens à des banques d'images illustrant les différentes propositions.

Le journaleste n'a plus qu'à suivre le fil pour rédiger un savoureux article qui rendra compte, indépendamment de l'information centrale, d'un fragment de la réalité de manière beaucoup plus attrayante. Bien sûr, certains journalestes s'éloignent de leur mission première pour se laisser tenter par l'interprétation excessive, et l'on observe parfois un décalage considérable entre le texte brut de la dépêche et l'article qui en est issu.

Des nouvelles sans gravité sont présentées parfois de manière tellement délirante qu'elles en deviennent affolantes, on ne sait plus s'il faut croire ou non ce qui est annoncé, dans d'autres circonstances des faits majeurs sont presque passés sous silence, ou relatés de telle sorte qu'il n'en ressort que la facette la plus dérisoire, au point que personne n'y prête la moindre attention.

La plupart du temps il est inutile de prendre au sérieux les informations lues dans la presse, il vaut mieux les considérer comme du feuilleton, de la « nouvelle » d'un jour, à la manière dont les grands quotidiens accueillaient jadis les histoires à suivre des écrivains du moment.

Il résulte de cette omniprésence des journalestes dans les rédactions un problème majeur. Plus personne dans la presse ne se consacre sérieusement à l'analyse politique. Pas un article de fond qui ne fasse état de considérations mondaines et de points de vue sans rapport avec la situation. Les commentateurs mettent au même niveau la robe d'une ministre, ou la liaison de tel secrétaire général de parti avec un mannequin en vue et la déclaration des mêmes personnalités au sommet du G13.

En 2018, il ne reste plus qu'un seul quotidien national à n'employer au sein de sa rédaction qu'une minorité de journalestes. Il fait figure d'ailleurs de dinosaure dans le paysage de la presse écrite, et n'est plus consulté que par un public d'originaux et de marginaux, qui défendent encore la « vérité » et la « réalité ».

Les journalestes, en refusant de donner à l'information cette composante austère et déprimante qui la caractérise dans la plupart des cas, ont contribué à accentuer la sensation générale de vivre dans un monde plus gai, plus reposant, plus détendu. On ne peut que les en remercier.

Orwell n'a pas écrit que des livres, il fut aussi journaliste, un journaliste prolifique et engagé. La première revue à laquelle il collabora était l'*Adelphi*, dirigée par Middleton Murry. C'était une revue très ancrée à gauche, et son propriétaire, Sir Richard Rees, accueillait dans ses colonnes nombre de jeunes écrivains prometteurs qu'il aidait financièrement. Orwell y plaça des articles et des critiques de livres dès 1931, qu'il signa au début de son vrai nom, E. A. Blair. Il s'en rapprocha à partir de 1935, lorsqu'il vint travailler à Londres comme libraire. L'*Adelphi* était un foyer de débats et de discussions très vivant, autour de la personnalité active de Middleton Murry, la revue tenait également une université d'été dans l'Essex.

Au fil du temps, Richard Rees, qui appréciait son originalité et son intégrité morale, devint un des proches amis d'Orwell.

Par ailleurs, Orwell donnait aussi des articles au *New English Weekly*, ainsi qu'au *New Statesman and Nation*, avec qui il travailla régulièrement à partir de 1935. Il y faisait essentiellement de la critique littéraire.

Il écrivit à partir de 1937 pour *Time and Tide* et, dès janvier 1940, fut un collaborateur assidu de *Horizon*, un mensuel littéraire dont Bernard Crick, le biographe d'Orwell, dit qu'il fut, de 1940 à 1950, «l'honneur des lettres anglaises».

De 1941 à 1946, Orwell envoya régulièrement une «Lettre de Londres» à la *Partisan Review*, un magazine américain de gauche, anticommuniste toutefois.

En 1942, Orwell écrivit pour la première fois dans l'*Observer*, avec qui il allait collaborer jusqu'à la fin de sa vie, à raison d'un article deux fois par mois.

Mais ce fut *Tribune*, dont on lui proposa la direction littéraire en novembre 1943, qui devint véritablement l'hebdomadaire dont la ligne convenait le mieux à ses idées et à son caractère. Les deux directeurs de la rédaction étaient des membres du Parti travailliste, représentant la gauche non communiste. Orwell y écrivit des éditoriaux, des critiques de livres, il y tint également une chronique intitulée « As I please », dans laquelle il exprimait ses opinions d'homme de gauche et débattait de l'actualité politique.

À la même époque, il accepta une colonne hebdomadaire dans le *Manchester Evening News*. Pendant l'hiver 1945, après le succès de *La ferme des animaux*, il écrivit une série d'articles pour l'*Evening Standard*. Épisodiquement, il donna quelques textes à des journaux anarchistes, tels *Freedom* ou *Now*.

À partir de 1947, plongé dans la rédaction de *1984* et déjà très malade, il ralentit sa production journalistique et se concentra sur son roman. Mais il ne cessa jamais d'écrire pour la presse, entre autres des critiques de livres pour l'*Observer*. La dernière parut le 6 février 1949.

Le journalisme fut certainement pour Orwell la meilleure façon de gagner sa vie tout en exerçant une activité qui lui plaisait et mettait en valeur son talent de polémiste, sa vivacité d'expression et son style clair et alerte.

Son tout premier article, « La censure en Angleterre », écrit en français, parut en 1928 alors qu'il vivait à Paris, dans *Le Monde* d'Henri Barbusse.

Kimanence

Lorsque, en 2024, Kim Gong Yi mourut, à l'âge de quatre-vingt-deux ans, après avoir dirigé son pays pendant trente ans, tout était en place pour que le Chosŏn puisse conserver son vénéré chef d'État, et que l'Éternel Conducteur demeure l'unique président de la république populaire. On embauma sa dépouille et on la plaça, non pas couchée sous une vitrine comme celle d'Ho Chi Minh à Hanoi, mais assis, sur son fauteuil présidentiel, dans la grande salle du Conseil. Les techniques de conservation des tissus vivants permettaient déjà une présentation presque parfaite.

Ainsi Kim Gong Yi pouvait-il continuer à présider aux destinées glorieuses de son pays, et ses portraits à orner tous les édifices publics. Le père de la nation nord-coréenne avait prévu ainsi sa succession : nul ne lui paraissant digne de le remplacer, il avait imaginé, dans une vision géniale de son avenir post-mortem, de continuer à diriger le pays, à travers un collège de responsables du Parti du travail, nommé par testament. On découvrit à la lecture de ses dernières volontés le nom des douze membres de ce gouvernement particulier, dont chacun reçut une enveloppe à lui seul destinée.

Jamais ne parurent plus appropriés les cris de « Kim Gong Yi est mort, vive Kim Gong Yi » qui retentirent dans tout le pays durant les douze jours de deuil national que durèrent les funérailles.

On appela *kimanence* la persistance du chef de l'État à la tête de son pays, par-delà la mort. Le dernier chef d'État incarnant le communisme avait réussi, par une pirouette extraordinaire, à prolonger artificiellement son existence et à différer la chute d'un régime que tous donnaient pour mort dès la disparition de son dirigeant. Très peu d'informations filtrèrent à l'extérieur sur la façon dont le nouveau pouvoir se mit en place, mais il semble que les choses avaient été bien réglées à l'avance par le défunt et ses plus proches conseillers, tous membres du gouvernement collégial.

Le procédé le plus remarquable (c'est le principe même de la kimanence) consista à faire du nom de Kim Gong Yi une sorte de signature qui était apposée sur tous les documents officiels, décrets, arrêtés, lois, formulaires, papiers d'identité, etc. La présence physique du chef de l'État n'était plus nécessaire, au fond, puisque son nom et l'image qu'il représentait incarnaient à eux seuls l'essence du pouvoir.

Le collège portait le nom de Kim Gong Yi, et l'on ne distinguait jamais ses membres les uns des autres. On connaissait le nom de chacun, mais on ne l'utilisait pas, ni dans le cadre du gouvernement, ni dans la presse, ni dans la rue. Personne ne disait jamais : « Li Pyong Sik a déclaré ceci... » ou : « Kim Mi Yong s'est engagé à... » On restait fidèle à la mémoire de Kim Gong Yi.

Depuis son fauteuil de la salle du Conseil, dans sa posture désormais immuable, il continuait de diriger le pays.

Il y eut, dans le sillage de Kim Gong Yi, d'autres cas de kimanence, dont le plus sophistiqué fut certainement celui du président Kangaloa, qui recourut à la cryogénie : son corps fut plongé vivant dans un bain d'azote liquide et, à ma connaissance, il s'y trouve encore. Légalement, le président est toujours en vie, et il poursuit son mandat – il avait pris soin de se faire réélire juste avant son plongeon dans le froid extrême, pour une durée de neuf ans.

De nombreux pays se sont empressés d'amender leur Constitution pour empêcher les chefs d'État de conserver leur titre et leur fonction post-mortem. Mais en 2035, on comptait encore quatre gouvernements de kimanence, dont celui du Chosŏn, toujours en place malgré les manifestations répétées des opposants réfugiés à l'étranger. Loin de s'assouplir, le régime s'est encore durci, car le collectif au pouvoir est si attaché à préserver la mémoire de son inspirateur que, de peur de trahir l'esprit et la ligne de Kim Gong Yi, il refuse de dévier d'un pouce des options prises des années auparavant par le chef suprême.

Aucune réforme ne peut être conduite, aucun changement n'est entrepris. Le régime est figé dans une sorte d'auto-alimentation de sa propre dynamique et se répète indéfiniment. Toutes les institutions sont rigidifiées, aussi immuables que l'est le masque de Kim Gong Yi, momifié dans la puissance pour l'éternité. Le monde évolue, mais le Chosŏn glisse vers une sorte de fossilisation, comme si le temps s'était arrêté.

Les observateurs extérieurs, qui tous avaient prédit la chute du régime deux ans au plus tard après la mort de Kim Gong Yi, sont stupéfaits de constater qu'il est encore en place, plus solide et résistant que jamais aux attaques dont il fait pourtant l'objet de toutes parts. Les douze dirigeants sont plus habiles que le maître qui les inspire et brouillent les pistes qui permettraient à la communauté internationale de les mettre en difficulté. Agissant au nom de Kim Gong Yi, abrités derrière son image tutélaire et assurés d'une totale impunité, puisque anonymes, ils font régner un régime d'autorité et de terreur tel que l'ont rarement vécu les habitants des anciens pays communistes. Ce qui surprend le plus les historiens et les sociologues, c'est qu'aucune dissidence ne soit apparue au sein du collectif et que les discussions internes n'aient jamais donné lieu à une scission, ou à une fracture du dispositif. Certains ont avancé que chaque membre était tenu par des intérêts secrets accordés par Kim Gong Yi avant sa mort (ou après, dans la missive personnelle remise à chaque « ministre »), et contrôlé par un collège extérieur chargé de faire respecter le marché initial (une sorte de mafia interne qui veille au maintien des acquis et au respect des accords négociés).

Ce serait l'un des fondements essentiels de la kimanence, un mélange de menaces sans cesse rappelées et de privilèges exorbitants assurant la sujétion des dirigeants vivants à la mémoire et à l'autorité du défunt tyran. En réalité, personne ne sait vraiment comment fonctionne le gouvernement du Chosŏn, et tous attendent qu'un dérèglement quelconque fasse basculer la statue du commandeur. Un vœu pieux, pour l'instant.

L'aventure de *La ferme des animaux* est la plus étonnante dans toute la carrière littéraire de George Orwell.

Il écrivit le livre pendant la guerre, entre novembre 1943 et février 1944. Il avait le projet d'un ouvrage qui mette à bas le mythe soviétique depuis son retour de la guerre d'Espagne, mais il lui fallut quelques années avant d'en trouver la forme appropriée.

Orwell, pour être socialiste, n'a jamais cédé à la tentation du communisme qui a attiré tant d'intellectuels et d'écrivains européens de son époque. Il fut hostile au parti communiste dès 1935, mais c'est son expérience de l'attitude des communistes pendant la guerre d'Espagne qui en fit l'adversaire définitif de la politique de Staline. L'offensive des communistes contre le POUM (des miliciens furent arrêtés, emprisonnés, Orwell lui-même dut quitter l'Espagne clandestinement), dans les rangs duquel il avait combattu, l'indigna.

La signature du pacte germano-soviétique et l'attitude cynique de Staline à la veille de la

Seconde Guerre mondiale ne firent que le conforter dans sa dénonciation du totalitarisme soviétique.

Mais ce n'est que plus tard qu'il eut l'idée de se placer du point de vue des animaux, donnant à son propos la forme si percutante de la fable. Le peu de temps qu'il consacra à son écriture – il travaillait par ailleurs comme journaliste au *Tribune*, dont il était depuis peu directeur littéraire – montre à quel point il maîtrisait déjà son sujet avant même d'en commencer la rédaction.

Orwell savait très bien qu'il aurait du mal à publier un tel ouvrage, aussi ouvertement antistalinien, et le qualifia, avant même de le terminer, de « petite bombe politiquement incorrecte ». Les difficultés prévisibles – Staline était désormais dans le camp des Alliés – ne le découragèrent en rien, au contraire.

Son éditeur habituel, Victor Gollanz, lui refusa le manuscrit pour des raisons politiques, comme il s'y était attendu. Un autre éditeur, Jonathan Cape, pourtant favorable à sa publication, décida également de refuser le manuscrit, sous l'influence d'un haut responsable du ministère de l'Information, qui le jugea contraire aux intérêts du pays en période de guerre – un tel pamphlet pouvait nuire aux bonnes relations avec l'URSS. L'Union soviétique y était trop ouvertement attaquée et ses plus hauts responsables (reconnaissables alors par n'importe quel lecteur) ridiculisés. Faber & Faber le refusa aussi, pour des raisons sensiblement identiques.

Orwell, qui croyait en son livre et le savait très abouti formellement, fut fort déçu par le refus des grands éditeurs, au point qu'il envisagea la publication à compte d'auteur, mais il se résigna à le présenter à Secker & Warburg, une petite maison spécialisée dans les ouvrages de gauche, et qui voulait le texte. Malgré tout, la parution de *Animal Farm* fut retardée, sous prétexte que l'imprimeur manquait de papier, jusqu'à la fin de la guerre. L'ouvrage parut enfin, en août 1945. Le succès fut immédiat.

La plupart des critiques britanniques comprirent que le véritable thème du livre était avant tout, au-delà de la condamnation du régime soviétique, la trahison d'une révolution. Mais le livre devait susciter bien des réactions et chacun, en fonction de ses opinions politiques, y lut ce qu'il souhaitait y trouver. Si le public européen apprécia l'allégorie et ce qu'il y avait en arrière-plan, le public américain, en particulier, n'y vit qu'une bonne propagande antisoviétique. Le message dépassait assez la métaphore contenue dans l'histoire de la ferme pour permettre une multitude d'interprétations et autoriser les lectures les plus diverses.

Le succès du livre apporta à Orwell une célébrité soudaine, et sa situation financière s'améliora considérablement. Mais, d'une certaine manière, son livre fut largement incompris, tout comme l'étaient souvent ses opinions politiques.

La ferme des animaux fait plus que préfigurer *1984*. Elle en est en quelque sorte un autre versant. Orwell, quand il écrivit le premier, pensait déjà au second, et son esprit était tout entier tourné vers la manière dont il dénoncerait, à travers ses livres, le totalitarisme, quelle que soit sa forme. Orwell, dès 1941, parle dans ses lettres d'une trilogie, d'un « long roman en trois parties » (*Les vivants et les morts*) qui aurait retracé la destruction d'un monde jusqu'à l'avènement d'un nouvel ordre politique, celui de la puissance aveugle et inhumaine.

Il n'est pas impossible, si l'on en croit Bernard Crick, que *1984* en ait constitué le dernier volet, quand *La ferme des animaux* correspondrait au deuxième, sur le thème de la révolution trahie. Le plus séduisant dans cette théorie est l'idée qu'un écrivain porte son œuvre en lui, qui mûrit dans l'ombre, soutenue par la nécessité, nourrie par l'inconscient et par tout ce qui vient s'y agglomérer de l'expérience quotidienne, et que cette œuvre intérieure constitue un tout, dont les livres ne sont que des parties émergées, pareilles à celles d'un iceberg dont la masse compacte, cohérente et énorme n'apparaît jamais aux yeux du lecteur, si ce n'est à travers les liens tissés par les ouvrages entre eux, mystérieuses correspondances unies par des fils aussi aléatoires qu'imprévisibles.

Livréo

Depuis que la loi impose une relecture des textes écrits pour en éliminer les éléments d'incitation à la dégradation du code moral tel qu'il a été défini par l'arrêté du 31 janvier 2009, on ne peut plus publier n'importe quoi. C'est une bonne chose. Mais cela pose toutefois un problème en ce qui concerne les biographies. Si la plupart des personnages dont on relate l'existence sont des hommes et des femmes de grande valeur et dont l'œuvre ou la carrière inspire le respect et souvent même l'admiration, il n'en va pas de même pour certains artistes, dont la vie mouvementée n'a pas toujours été un modèle de vertu. On ne compte pas le nombre d'écrivains alcooliques, de musiciens cocaïnomanes, de peintres érotomanes, de comédiens à demi fous.

Écrire la biographie de ces personnages hors du commun, certes, mais de bien mauvais exemple, est fort difficile dans le cadre de l'arrêté, et les auteurs de biographies n'ont pas beaucoup de solutions pour éviter l'interdiction de leurs livres. Ils passent donc sous silence les frasques ou les écarts de conduite de leur héros. Épargnées au lecteur les nuits d'ivresse et les crises de *delirium tremens* résultant de l'absorption de substances hallucinogènes, éliminé cet apitoiement sur la nécessaire déviance du créateur, écartées également les préférences sexuelles et autres manies de détraqués qui n'intéressent personne et ne sont souvent mises en avant que pour rendre plus alléchante une vie par ailleurs sans grande envergure (certains artistes, en particulier les interprètes, sont tout de même assez limités, il faut en convenir).

Mais dans bien des cas, la suppression de cet aspect de la vie des gens laisse de singuliers blancs dans le cours d'une existence. Ne serait-ce que sur le plan chronologique, l'incohérence du parcours est parfois si criante que l'auteur doit recourir à quelques subterfuges, généralement de nature assez similaire d'un livre à l'autre. Les longues études, les voyages à l'étranger et les années sabbatiques peuvent assez facilement servir de couverture, si bien qu'on ne compte plus les artistes hautement diplômés des universités suisses ou canadiennes, les explorations de la Laponie en barque et autres séjours prolongés dans un ashram indien ou un monastère nippon. Les figures de ces activités de substitution sont désormais si codifiées que le lecteur devine aisément derrière les images convenues la délicate évacuation par l'auteur compatissant d'occupations nettement plus indignes.

Ce type de biographie a pris le nom de *livréo*, du nom de Jean-Alphonse Livrai-Haut, le fameux parolier des meilleurs groupes français de ghost-music qui, à l'âge de dix-sept ans, avait déjà atteint le firmament de la popularité grâce à ses chansons inoubliables, tout en défrayant la chronique par ses invraisemblables excès, ses frasques tapageuses et son goût immodéré pour les embryons de poussins vivants, qu'il consommait en quantités déraisonnables. Lorsqu'il mourut en 2016, à peine âgé de dix-neuf ans, la biographie expurgée qui lui fut consacrée l'année suivante inaugurait un genre, celui dicté par la loi Respect, comme s'intitulait la nouvelle législation sur les ouvrages publiés.

Le livre était si impossible à écrire, si plein de trous après qu'en furent éliminés les passages qui ne remplissaient pas les conditions de l'arrêté de 2009, que l'éditeur pensa en annuler la publication. Mais l'auteur, qui de plus était un fan de Jean-Alphonse, reprit sa copie et fit disparaître les défauts de son idole derrière un nuage d'anecdotes toutes plus irrésistibles les unes que les autres (bien que fausses, comme on l'apprit plus tard) qui firent de Livrai-Haut une sorte d'enfant prodige innocent et joueur, accusé par de jaloux concurrents des pires vilenies alors qu'il n'était qu'un pur poète, adepte des joies simples et de la vie saine (les poussins devinrent des aliments bio censés préserver du cancer). L'ouvrage, modèle du genre, donna aux biographies arrangées ses lettres de noblesse, on utilisa bientôt le nom de Livrai-Haut pour parler de ce type de livre, qui devint rapidement, par simplification, livréo.

On ne compte plus aujourd'hui le nombre de biographies livréotées, chacun trouvant toujours quelque détail à améliorer, quelque ombre au tableau qu'il convient de gommer pour parfaire le portrait du grand homme ou de la femme d'exception.

Le livréo a supplanté la biographie, et le public apprécie beaucoup ce genre très coloré, édifiant et plein de surprises (les auteurs doivent être maîtres dans l'art du rebondissement...). La biographie conventionnelle, qui ne reste envisageable que pour les cas les plus irréprochables, a pris un tour ennuyeux qui lasse jusqu'aux puristes. Ces vies exemptes de tout écart de conduite, de toute dérogation au principe de perfection, paraissent dénuées de sel, et la vertu est en passe de devenir une tartine sans beurre, réservée à de rares solitaires coupés du monde.

Au fond, les lecteurs préfèrent les livréos, qui mêlent la véritable existence de personnages célèbres qui les fascinent à des parcelles de vie rêvée, auxquelles ils peuvent plus facilement s'identifier. Pour d'autres, c'est au contraire le principe même du livréo qui rend sa lecture savoureuse. En effet, savoir que certains passages relatent des faits n'ayant jamais existé introduit un élément ludique très apprécié. Le jeu consiste à deviner, derrière les figures de style et les clins d'œil de l'auteur, la véritable biographie, celle que personne ne peut écrire. Certains auteurs sont passés maîtres dans l'art de cacher entre les lignes des informations capitales ou de donner de manière détournée des clefs d'interprétation de leurs fables, qui permettront aux lecteurs les plus avisés de reconstituer le puzzle. Mais tous n'ont pas ce talent et la plupart des livréos n'ont plus grand-chose à voir avec le personnage dont ils sont supposés raconter la vie.

On a affaire alors à des biographies imaginaires, dont certaines se lisent comme des romans, mais qui en aucun cas ne peuvent constituer un élément de référence pour la mémoire des générations futures.

Orwell, en formidable contestataire, jusque dans les détails les plus personnels, avait demandé par testament qu'on n'écrivît aucune biographie de lui. Heureusement, cette volonté ne fut pas respectée – je ne sais si l'on doit se réjouir ouvertement que les testaments ne soient pas suivis à la lettre, quand par principe il est assez scandaleux de passer outre les désirs d'un mort, ce qui remet fondamentalement en cause la validité du testament, car à quoi bon prescrire si vos survivants n'en tiennent aucun compte – et l'on doit à Bernard Crick une formidable biographie (*George Orwell, une vie*), extrêmement documentée et qui résout une fois pour toutes la question, tant le livre est complet et indépassable par sa qualité. Publiée en France chez Balland en 1982, elle a été reprise en poche deux ans plus tard dans la collection « Points » des Éditions du Seuil. Elle est actuellement épuisée, mais on peut espérer que l'éditeur redonnera vite au public accès à cet excellent ouvrage, véritablement passionnant pour quiconque s'intéresse au personnage et à l'auteur.

Orwell a introduit dans tous ses livres, romans ou récits, des éléments autobiographiques.

Une histoire birmane (1934), son premier roman, s'inspire largement de son expérience en Birmanie, et ausculte sans complaisance le milieu des colons de l'Empire britannique. Orwell, par l'intermédiaire de son héros John Flory, y livre ses réflexions anti-impérialistes, tout au long d'une intrigue qui s'enracine dans une atmosphère étouffante et délétère, à l'image de la société dont elle fait le portrait.

A Clergyman's Daughter (1935), jamais traduit en français et plus ou moins renié par son auteur (c'est un roman mal composé et plutôt maladroit), contient des scènes inspirées directement des vagabondages d'Orwell parmi les trimardeurs et de son expérience de professeur de collège.

Et vive l'aspidistra! (1936) rend compte à la fois des mois passés dans la librairie de Hampstead, de ses débuts d'écrivain et de ses rapports difficiles avec l'argent.

Enfin, *Un peu d'air frais* (1939) fait état des préoccupations écologistes et politiques d'Orwell, de son amour de la nature et des traditions anglaises. C'est aussi une vision très lucide de la guerre à venir et une leçon de philosophie politique à la Dickens.

Si ces romans peuvent avoir vieilli, et ne plus présenter aujourd'hui autant d'intérêt que les deux chefs-d'œuvre d'Orwell (*La ferme des animaux* et *1984*), ses « récits documentaires », ainsi que l'on pourrait qualifier ses autres livres, n'ont pas pris une ride et restent passionnants à lire. Leur qualité réside autant dans l'aventure vécue que dans la manière dont Orwell la relate, avec un art de la mise en scène qui dépasse largement le simple exercice narratif.

Dans la dèche à Paris et à Londres (1933), *Le quai de Wigan* (1937) et *Hommage à la Catalogne* (1938) rendent compte respectivement de la plongée que fit Orwell, à son retour de Birmanie, dans le monde des vagabonds et des clochards, d'une enquête dans le bassin minier du nord de l'Angleterre, de sa participation à la guerre d'Espagne, dans les rangs des milices du POUM.

Non seulement la lecture de ces textes est captivante, mais on y retrouve les préoccupations d'Orwell, et son souci de révolutionner une société injuste, inégalitaire, oppressive. Ce qui est intéressant, c'est qu'il se place du point de vue des pauvres, des faibles et des laissés-pour-compte, mais sa culture politique et son appartenance à la classe bourgeoise (même si sa famille n'était pas riche) lui donnent suffisamment d'éléments pour analyser la situation dans son ensemble et surtout pour s'engager dans une lutte, qui passera autant par l'action (il se bat en Espagne, il fait la plonge à Paris, il descend dans la mine à Wigan) que par la dénonciation et l'engagement.

Loin d'être un intellectuel, il est ce travailleur infatigable qui empoigne la réalité et en fait des livres.

Ses romans, du moins les trois premiers, rendent compte également d'une expérience et d'une conviction personnelles, mais d'une manière moins virtuose. On sent que l'écrivain n'a pas encore trouvé sa véritable manière, il cherche une forme artistique qui lui permette de faire passer ce qu'il a à dire, et Dieu sait si son esprit rebelle, sa capacité à s'indigner et à se révolter lui donnent matière à s'exprimer. Avant 1936, Orwell ne sait pas encore qu'il est un écrivain politique, ce qu'il veut, c'est juste être un bon écrivain.

Toutefois, moins il donne à son sujet une implication politique, moins il captive le lecteur. Et c'est ce qui fait que *1984* est un grand livre. Le propos, le fond, l'emportent très largement sur la forme. Orwell, qui n'était pas tendre ni indulgent envers ses œuvres, a reconnu lui-même que le défaut de ses premiers textes de fiction c'était justement de ne pas être porteurs d'un message percutant ni suffisamment enracinés dans le combat politique.

Si l'on considère que l'expérience de Wigan et celle de la guerre d'Espagne ont été déterminantes et fondatrices de son véritable engagement (à partir de ce moment, il est tout entier tourné vers un seul et même objectif, la lutte antitotalitaire), alors on peut tracer une ligne qui sépare en deux son œuvre, avant 1936, et après.

À cet égard, *Un peu d'air frais*, qu'il écrit en 1938, est nettement plus maîtrisé que ses précédents romans, on sent cette tension sous-jacente qui porte le livre le long d'une ligne directrice, sans que jamais le discours ne dévie, malgré l'apparente flânerie du monologue intérieur, qui va çà et là, au gré d'un cheminement incertain.

Mais c'est *La ferme des animaux* qui atteint véritablement la perfection formelle. Sans être un roman, cette petite fiction est d'une efficacité et d'une précision redoutables. La mécanique est parfaitement huilée. Orwell possède son art comme jamais.

On ne retrouve pas ce caractère formellement abouti dans *1984*, mais le sujet est autrement plus ambitieux et l'intrigue d'un niveau bien supérieur. Orwell s'est attaqué à un gros morceau et c'est son statut de grand écrivain qui se joue avec ce livre-là, bien qu'il n'en ait absolument pas conscience au moment où il l'écrit.

À mon sens, les deux œuvres sont indissociables l'une de l'autre, et pas seulement par leur sujet, mais parce qu'elles montrent chacune une facette différente du même homme et du même artiste. Si Orwell reste pour une majorité de lecteurs l'auteur de ces deux livres, ce n'est pas uniquement parce que la curiosité leur a manqué d'aller découvrir ses autres écrits, mais parce que ces deux-là forment un couple si solide et si consistant qu'il suffit à assurer à George

Orwell à la fois sa réputation et son image d'écrivain.

Jamais autant de textes d'Orwell n'ont été disponibles en France depuis la réédition récente de ses principaux romans et récits chez 10/18. Longtemps on n'a pu lire de lui en français que *La ferme des animaux* et *1984*. Il serait dommage de se priver de la lecture de ses autres livres, singulièrement rafraîchissante. Elle éclaire sa personnalité, enrichit et complète le portrait que l'on se fait d'un homme à partir de ses livres, et nous fait découvrir, au fil des textes, comment se construit un écrivain et par quel cheminement il parvient à une maîtrise de son art qui lui permet d'accéder au sommet.

Enfin, il faut saluer la performance éditoriale de la maison Ivréa-L'Encyclopédie des nuisances, qui a achevé en 2002 la publication des *Essais, articles, lettres* de George Orwell. La somme des quatre gros volumes compte près de 2 500 pages, de quoi satisfaire les plus curieux.

Moralose

C'est à partir des années 2020 que l'on a assisté aux premiers effets de la *moralose*, cette gangrène sociale qui a si fortement déstabilisé les démocraties occidentales les plus avancées. Le mal avait pris ses racines longtemps auparavant, au cœur du terrible XXe siècle, mais ce n'est qu'au début du XXIe siècle que l'on a commencé à en ressentir les conséquences fâcheuses, et les redoutables implications dans tous les domaines de la vie sociale.

On sait que le corps social est comparable à un organisme vivant et qu'il peut, à l'instar de n'importe quel individu, être atteint de maladies, de dépressions et de mouvements d'humeur. La moralose est une des affections les plus graves qui puisse toucher une société dans sa globalité. Elle consiste en une perte des repères moraux et se manifeste par des comportements aberrants aussi bien dans les rapports des individus avec leurs congénères que dans ceux de l'ensemble de la société qui adopte alors des manières de vivre totalement inconséquentes, voire suicidaires.

Abandon des enfants sur la voie publique ou dans les couloirs du métro, cannibalisme en réunion, irrespect des règles essentielles, agressivité démultipliée, défoulement collectif sur des bâtiments publics ou privés, bagarres monstrueuses impliquant des centaines de personnes, vols massifs en bandes organisées, viols en milieu professionnel, etc., la liste est interminable...

Les causes de la moralose sont multiples et pas toujours bien identifiées. Mais on en connaît quelques-unes, entre autres la vitesse accrue de l'évolution des modes de vie qui empêche chaque nouvelle génération d'enregistrer les acquis de la précédente, faute d'avoir le temps d'en tirer les enseignements. La perte culturelle est intense et les bases du savoir ne sont plus assimilées.

L'école connaît exactement le même problème. Avec les programmes d'enseignement assistés par ordinateur, les jeunes enfants apprennent à lire et à compter, mais pas à écrire, puisqu'ils tapent directement à la machine, sans prendre le temps d'apprendre à former les lettres. Ainsi l'on voit de bons élèves de collège incapables d'écrire une phrase complète sur papier. Ils ne savent pas, tout simplement. Or l'apprentissage de l'écriture, on le sait aujourd'hui, entre en large part dans l'acquisition d'un certain nombre de processus mentaux de réflexion et d'analyse.

Un autre grave déficit touche la mémorisation. Les élèves n'apprennent jamais par cœur, car ils ont accès très facilement, par le biais de leurs micro-portables, à des bibliothèques et à des fichiers de données, d'utilisation simple et rapide. Pas plus qu'ils n'ont pris l'habitude de mémoriser, ils n'ont le réflexe de chercher par eux-mêmes la solution à un problème, ou à une question. Leur petite machine la trouve toujours avant eux.

Ces modifications dans la pratique de l'acquisition des connaissances ont considérablement appauvri les capacités intellectuelles et les facultés sensorielles des nouvelles générations, sans porter atteinte à leur intelligence, bien entendu. Ce n'est pas un défaut d'apprentissage qui met ces élèves en difficulté – ils seraient aujourd'hui près de 40 % à ne plus fréquenter l'école –, mais le mal qu'ils ont à intégrer des notions telles que l'histoire, la perspective historique, le droit, la justice, les relations de personne à personne, d'État à État, etc. Ils se comportent dans leur approche du monde et de leurs congénères comme s'ils vivaient dans un univers d'images et de sons synthétiques, sans plus de lien avec la réalité matérielle. L'autre n'est plus reconnu comme un alter ego, mais comme un élément du décor, parfois utile, parfois gênant, mais dont on use comme d'un objet.

Un début de traitement de la moralose vient d'être initié sur diverses catégories de personnes (en majorité des enfants et des adolescents scolarisés, pour des raisons pratiques évidentes) par des communautés de seniors, et il semble que l'on obtienne enfin quelques résultats encourageants, sans toutefois pouvoir encore crier victoire.

Il s'agit d'aller rechercher chez les personnes âgées qui souhaitent faire part de leur mémoire et de leur expérience des précepteurs, qui viendront encadrer les enfants en déséquilibre scolaire. Ces nouveaux « assistants scolaires » seraient chargés non pas de se substituer aux professeurs, mais de prendre en charge toute l'éducation de référence, en apportant aux élèves des éléments simples de comportement, nécessaires aussi bien à la vie en société qu'au développement harmonieux de l'individu.

Cela passera en particulier par le récit de l'histoire du XXe siècle et du début du nôtre, dont beaucoup de seniors ont vécu les événements principaux, puisque les octogénaires de 2030 sont nés dans l'immédiat après-guerre. La plupart d'entre eux ont gardé la mémoire de leurs parents, qui avaient eux-mêmes vécu la Seconde Guerre mondiale, et souvent de leurs grands-parents, dont ils peuvent retracer l'histoire et le mode de vie.

La suppression en 2012 de l'histoire dans les programmes de collège au profit de la technologie et de l'informatique a eu des effets aussi pernicieux que prévu, mais plus redoutables dans la mesure où la part de mémoire assurée jadis par la transmission intergénérationnelle ne se fait plus par ailleurs, en dehors de l'école. L'absence de contacts fréquents entre enfants et grands-parents conduit à une méconnaissance totale de ce qui pouvait encore exister il y a seulement cinquante ans.

Plusieurs facteurs ont contribué depuis la fin du siècle dernier à déprécier la population âgée et à la reléguer dans des zones de non-intérêt, de solitude et d'exclusion. La société ne s'est pas adaptée facilement au nombre croissant de très vieilles personnes, et il paraissait impensable, ne serait-ce qu'au début du XXIe siècle, que les plus de quatre-vingts ans puissent constituer un quart de la population. En 2021, les grands-seniors (comme on appelle ceux nés avant 1948) et les boom-seniors (enfants du baby-boom nés entre 1948 et 1960) représentaient exactement 30 %

des effectifs du pays-France. La durée de vie se prolonge chaque année davantage et l'espérance de vie atteint désormais des chiffres compris entre quatre-vingt-cinq et quatre-vingt-dix-huit ans pour 75 % de la population. 60 % des enfants qui naissent aujourd'hui seront plus que centenaires. Voilà le résultat des progrès de la médecine et de la découverte des molécules de recodage qui permettent de stabiliser les cellules des organes vitaux et de ralentir considérablement leur usure.

Mais les mentalités, loin de suivre ce processus de vieillissement de la population, ont au contraire refusé cette emprise des anciens sur la vie sociale, et l'accent a été porté, de plus en plus, sur la jeunesse et les nouvelles générations. Les personnes âgées se sont retrouvées marginalisées, dépassées. Tout évoluait si vite que les seniors apparaissaient aux yeux des enfants comme de véritables antiquités, survivants obsolètes d'époques révolues, définitivement bannies de leurs préoccupations et de leurs sentiments.

Absentes du monde du travail, séparées des générations précédentes, déconnectées des évolutions technologiques, les personnes âgées se sont trouvées de plus en plus coupées du reste de la société, quand elles ne se voyaient pas tout simplement reléguées dans des villes créées à leur usage. Curieusement, c'est de ces centres spécialisés qu'est venu le renouveau, par le biais de comités de seniors qui se réunissaient pour collecter leurs savoirs, leurs connaissances et leurs expériences, persuadés que le monde était en train de perdre complètement la mémoire de sa propre histoire. Ces archivistes improvisés ont rassemblé de très nombreux témoignages, enregistré des entretiens, consigné des vidéogrammes, établi des bibliothèques sur microdisques.

La séniorité, telle qu'on l'entend désormais, est un ensemble de valeurs qui tiennent autant à l'âge qu'à la mémoire des époques passées. Le simple fait d'avoir vécu de nombreuses décennies donne aux anciens la qualité de témoins privilégiés de diverses périodes, dont certaines ont laissé peu de traces dans la mémoire collective.

Le programme ASCOLOR (assistance scolaire par les seniors) réintroduira également la philosophie, pour désigner d'un terme tombé en déshérence une discipline qui a également disparu depuis 2012 des programmes scolaires. Dans un premier temps, les cours consisteront en lectures de textes philosophiques, mais aussi littéraires, des grands auteurs des siècles passés. Les notions dont ces textes font naturellement état devraient permettre aux élèves de percevoir et de comprendre les valeurs qui ont fondé et façonné la société de leurs ancêtres.

Les expériences qui ont déjà été conduites çà et là montrent que les élèves se passionnent littéralement pour ces cours de « séniorité narrative », comme on a intitulé la nouvelle discipline.

On espère, grâce à ce nouveau programme, réconcilier la nouvelle génération avec l'ancienne et diminuer les effets néfastes de la moralose, qui ruine la vie des villes et met en péril la démocratie. Certains spécialistes affirment que la moralose cédera du terrain quand une majorité de moins de vingt ans aura retrouvé la capacité à considérer son prochain comme un être humain, digne d'intérêt et de respect.

L'effort porté sur les jeunes (et l'espoir que représente cette nouvelle génération, si l'on parvient à en sauver la plus grande partie) ne doit pas faire oublier les difficultés rencontrées auprès des trente-cinq/quarante-cinq ans, infiniment plus rétifs aux traitements, et particulièrement malaisés à rééduquer. La désorganisation de la société tout entière, le mauvais fonctionnement des services et la démission des institutions ne facilitent pas la tâche des volontaires qui tentent d'empêcher le naufrage définitif du navire.

Il est chez Orwell une notion que l'on retrouve souvent dans ses textes, pamphlets politiques, articles de fond ou livres, et qu'il appelle la *common decency*, on dirait en français sens commun, bon sens, intuition de ce qui se fait, de ce qui est raisonnable, juste, utile. C'est une valeur morale chère à Orwell, qui attribue cette « décence commune » à tout être humain, à la manière d'un patrimoine collectif, d'une vertu innée, presque inconsciente. Selon lui, on la retrouve à l'état le moins altéré dans les classes populaires, chez les ouvriers, les travailleurs manuels. Et c'est sur cette valeur que doit se fonder le socialisme, celui qui permettra l'avènement d'un monde plus juste et plus libre.

Il me semble que cette seule idée montre à quel point Orwell croyait en l'homme, en sa capacité à s'émanciper, à créer un monde neuf. Loin d'être le pessimiste que l'on a pu voir au travers de ses romans les plus lus, Orwell avait foi en l'avenir et en les qualités de l'homme du commun, pour peu qu'on les laisse s'exprimer.

C'est évidemment une proposition discutable que de voir dans le seul prolétariat l'avenir de l'humanité. Sans doute Orwell fut-il très influencé par sa rencontre avec le milieu ouvrier, et vécut-il l'expérience catalane comme une réalisation parfaite de ces principes d'égalité et de fraternité. Mais c'est surtout le mépris qu'il vouait aux intellectuels de gauche qui l'a fait prendre fait et cause pour la classe des « travailleurs », en réaction aux idéologies et aux discours qu'il jugeait creux, vains, dissuasifs et même décourageants. Il eut des mots très durs pour ce qu'il appelait la « gauche tapette » – ses allusions répétées à l'homosexualité supposée des militants des partis de gauche ne sont pas ses arguments les plus convaincants, ni les plus élégants –, et conspua également tous les « buveurs de jus de fruits, nudistes, porteurs de sandales, obsédés sexuels, quakers, adeptes de la "vie saine", pacifistes et féministes » qu'il accusait de faire fuir ceux que le socialisme aurait pu attirer.

Orwell revient à de nombreuses reprises sur cette notion de décence commune, condition élémentaire à la bonne santé mentale de l'humanité, pourrait-on dire. Implicitement, c'est sur elle que compte Winston Smith qui met tout son espoir dans les « prolétaires », supposés avoir conservé une conception du monde et de la vie moins affolante que celle qu'impose le gouvernement de Big Brother. Le magasin d'antiquités, désuet et hors d'âge, symbolise aux yeux de Winston tout le charme de ce passé perdu, mais aussi tout son sens, et se dégage des objets d'antan, des refrains de jadis, une humanité partout ailleurs disparue.

La vision la plus saisissante de l'épouvantable futur qui attend les citoyens de l'Océania est certainement celle que donne O'Brien à un Winston Smith vaincu et réduit à l'état de loque : « Si vous désirez une image de l'avenir, imaginez une botte piétinant un visage humain… éternellement. »

Le livre fourmille de ce genre de métaphore qui secoue le héros autant que le lecteur. On sent là-derrière la contrainte subie, jamais acceptée, la violence faite aux faibles et la cruauté exercée par les plus forts. Pour mieux la souligner, Orwell nous l'impose, comme s'il avait besoin lui-même d'extérioriser ce qu'il a vécu dans les pensionnats de son enfance comme une terrible sujétion. Faisant cela, il pointe le paradoxe même de la violence, qui s'engendre et s'entretient telle une mère dévorant ses enfants.

L'œuvre d'Orwell est tout entière faite de cet aller-retour entre l'extraordinaire capacité qu'ont les hommes à créer de la souffrance, du désordre, de l'incohérence, et leur volonté de résistance à cet épouvantable gâchis. Comme si l'être humain se partageait entre deux univers, celui de la réalité, consternant et angoissant, et celui du rêve, fait de bonheur et d'harmonie.

Ce qui est frappant, dès que l'on regarde un peu autour de soi, c'est la juxtaposition de ces deux attitudes antinomiques. Et c'est certainement la question la plus intrigante proposée à notre réflexion. L'élargissement des frontières du monde, en ouvrant considérablement le champ de ce qui nous est donné à voir (même au travers de la lucarne déformante qu'est la télévision), ne fait que renforcer cette énigme : pourquoi l'homme déploie-t-il autant d'énergie à défaire, à détruire, à déranger, à embrouiller, à agresser son prochain ? Est-ce un comportement inné ou acquis ? Un prolongement de la loi d'entropie que développe assez largement la nature dans son ensemble et les espèces vivantes en particulier ?

Ou bien une perversion des systèmes humains, débordés par le nombre (la régulation interespèces ayant depuis longtemps été abolie au profit de la domination sans partage des milieux naturels par notre seule espèce) et n'obéissant plus qu'à une logique aberrante, tendant au fur et à mesure qu'elle perd le contrôle vers l'autodestruction ?

On pourrait toutefois s'étonner de ce qu'un niveau élevé d'éducation et de culture vienne obscurcir cette *décence* intuitive, brouiller en quelque sorte la capacité *commune* de l'individu à distinguer le bien du mal. Des sociologues comme Wolfgang Sofsky avancent même la thèse d'un lien entre civilisation et violence : le processus de civilisation, loin de réduire les instincts destructeurs de l'homme, les accentuerait. Le XXe siècle est là pour témoigner de la vivacité de cette entreprise de violence et de folie, de meurtre et de cruauté que l'humanité conduit avec succès depuis des siècles.

Aucune intelligence n'a jamais pu en inverser le cours, aucun modèle de société n'a réussi à s'en affranchir. Les plus belles idéologies ont fini, avec une régularité sans faille, dans un monstrueux bain de sang.

D'où viendra le salut ? Winston Smith, dans *1984*, espère en la révolution des déshérités. Mais rien dans le livre ne donne le moindre indice d'une amorce de révolte, et l'on termine sur la victoire sinistre et oppressante de Big Brother et de ses sbires sur le héros, *le dernier homme en Europe*, comme Orwell prévoyait de titrer le livre.

C'est pour ne pas en arriver là qu'Orwell invitait ses lecteurs à laisser s'exprimer leur *common decency*, se nourrissant de l'espoir que les gens du peuple (issus des classes populaires, mais aussi de la petite bourgeoisie) ne renonceraient pas aussi facilement à leur code moral.

Polithon

Le polithon est au financement des partis politiques ce que le téléthon est à la recherche médicale. Depuis 2013, nous assistons chaque année à une ou plusieurs soirées télévisées au cours desquelles les formations politiques collectent des fonds pour leurs mouvements. Le spectacle est assuré à la fois par des artistes, eux-mêmes venus apporter leur soutien aux hommes et aux femmes du parti qui anime l'émission, et par les personnalités politiques dominantes. Le cadre toujours très festif de cette soirée donne l'occasion aux politiciens de se montrer sous un jour différent, souvent plus humain et plus convaincant.

Le public attend avec impatience ces événements médiatiques toujours très pittoresques. Il faut dire que l'inventivité des partis s'est beaucoup améliorée depuis le premier polithon, qui n'avait pas les qualités d'attraction d'aujourd'hui. En quelques années, les politiciens ont véritablement affiné la présentation et soigné la mise en scène et l'audience des polithons dépasse largement celle des grandes cérémonies de remise de Césars et autres prix de musique et de cinéma.

Les sommes récoltées à l'occasion de ces marathons politiques attestent de l'efficacité de la formule.

L'année 2021 aura été particulièrement faste puisque trois grands partis ont organisé leur polithon, sans oublier la première édition du « polithon des petits », qui rassemblait quatre formations politiques mineures d'inspiration clariste (la mouvance vert clair des environnementalistes).

La meilleure performance fut certainement celle de Gauche nouvelle, qui a surpris tout le monde par des numéros d'acteurs exceptionnels, préparés et interprétés avec brio par les éminences du parti, quand on attendait des comédiens, annoncés au programme et qui, de leur côté, ont joué le temps d'une soirée le rôle des ministres et autres directeurs de cabinet, sénateurs et conseillers, dans une parodie souvent irrésistible.

Les polithons réunissent une grande partie des téléspectateurs, et les dons dépassent largement la seule contribution des sympathisants, car les recettes d'un polithon sont très supérieures aux rentrées correspondant aux cotisations des adhérents et aux dons des membres bienfaiteurs. La qualité du spectacle incite souvent des citoyens à soutenir un parti pour qui ils ne voteraient pas forcément, mais dont la prestation leur a semblé enthousiasmante, digne d'être récompensée. Les gens envoient de petites sommes, mais à l'échelle de tout le pays cela représente des budgets appréciables.

Toutefois il reste encore à développer l'information politique. Les polithons, dont le but n'est pas de faire de la politique, abordent le moins possible la question des programmes, des réformes, des idées. Il n'est question que de séduire, de retenir l'attention, d'éveiller l'intérêt. Cependant, il ne faut pas sous-estimer l'influence de ces rendez-vous télévisés sur les choix électoraux, et l'on a vu lors des élections présidentielles de 2017 à quel point la performance du candidat du PMP au polithon de l'année précédente – il avait interprété magnifiquement un remake de la scène culte du film *Saturday Night Fever* – l'a placé haut dans les sondages, ne laissant finalement, à aucun moment, l'occasion à ses adversaires de le rattraper, encore moins de le devancer.

Encore aujourd'hui, ce morceau de bravoure reste gravé dans toutes les mémoires, associé irrémédiablement à l'image du président de la République.

Si cette ultramédiatisation de la classe politique a fait couler des flots d'encre et provoqué l'indignation des plus vertueux, qui y voyaient un spectacle grotesque dévalorisant la fonction politique et décrédibilisant les serviteurs de l'État, elle a au moins eu pour mérite d'assainir la vie politique, en desserrant la pression financière sur les partis et en introduisant une sorte d'obligation morale pour les candidats. Les sommes récoltées sont en effet rendues publiques, et un parti qui vient de se voir attribuer des fonds aussi importants que ceux qu'engendrent souvent les polithons ne peut plus ensuite se permettre la moindre irrégularité.

Les citoyens, participant directement au financement de la diversité politique, exigent une intégrité accrue de la part de ceux qu'ils soutiennent. Toute malversation est considérée aujourd'hui comme une tentative d'enrichissement personnel. Mais finalement, cela ne se produit que très rarement, tant les principales formations politiques sont richement dotées.

Certains partis ont mis au point des systèmes d'actionnariat auxquels tous les membres du bureau politique sont associés. Une part du patrimoine est placée en Bourse et les intérêts sont redistribués, parfois même aux adhérents, sous forme de rétributions pour services rendus (collage d'affiches, distribution de tracts, animations de forums électoraux, etc.). Les polithons n'ont pas eu pour seul effet de remplir les caisses des partis et de réduire presque à néant les scandales financiers qui secouaient régulièrement la classe politique. Ce nouveau mode de représentation a modifié également l'image que les citoyens se font de leurs dirigeants.

On remarque que le principe démocratique se fonde désormais sur des schémas qui n'ont plus grand-chose à voir avec les lignes politiques et les valeurs défendues ou mises en avant par les partis. L'impact des polithons sur les citoyens diminue la conscience politique en édulcorant les idéologies et associe la classe dirigeante à une figure supplémentaire de la vie médiatique et télévisuelle, dont on parle comme on commenterait les derniers exploits de tel chanteur d'une saison, de telle danseuse au glamour déclinant, ou ascendant.

Indépendamment du gouvernement des affaires publiques, la politique est devenue aux yeux de la plupart des citoyens une sorte de spectacle déconnecté des prises de position et du débat d'idées. En réalité, la classe politique s'est scindée en deux catégories, inégales dans leurs effectifs : celle qui se montre aux polithons et dont le public connaît le visage, sans l'associer vraiment à un quelconque engagement politique, et celle qui gouverne, dans l'ombre, sans presque tenir compte des revendications, faibles il est vrai, des citoyens, persuadés dans leur grande majorité que ceux qui conduisent les affaires du pays sont les mêmes que ceux qui viennent, le temps d'un gala où chacun est paré d'or et de lumière, danser et faire rire.

À cet égard, la présence à la tête de l'État d'une grande figure des polithons entretient la confusion dans l'esprit des citoyens, qui oublient à quel point la fonction présidentielle a perdu de son contenu et de son importance politique, pour ne conserver qu'un rôle de représentation, quand tout le pouvoir est aux mains du Premier ministre et de son gouvernement.

Les petits partis, dont on aurait pu attendre une réaction et une relève idéologique, n'ont qu'un objectif, pouvoir organiser à leur tour un polithon attractif et rémunérateur, base désormais incontournable de toute action politique, de toute théorisation, même. Quant aux hommes et aux femmes politiques, ils trouvent dans les polithons un exutoire idéal à leur narcissisme exacerbé et montrent, au cours de ces soirées, des dispositions particulières qu'on aimerait leur voir déployer lorsqu'il s'agit de défendre les libertés publiques et les acquis sociaux, si menacés depuis que quatre des principaux ministères – Éducation, Santé, Équipement et Développement immédiat – sont tenus et gérés par de grandes entreprises du secteur privé.

Le seul parti politique auquel Orwell ait jamais appartenu était l'ILP (Parti travailliste indépendant), une petite formation de gauche à laquelle il fut lié dès 1935, par le biais d'amis qui en étaient membres, ou proches. Bernard Crick définit l'ILP comme «un étrange mélange de vieil évangélisme et de marxisme non communiste, d'optimisme et de pessimisme», ce qui pourrait tout autant définir Orwell lui-même, d'une certaine manière... L'antimilitarisme et la fibre révolutionnaire de l'ILP pouvaient plaire à Orwell qui ne se reconnaissait ni dans le Parti communiste, trop dogmatique, ni dans le Parti travailliste, pas assez révolutionnaire à ses yeux.

Orwell fut certainement amené aux réunions de l'ILP par les Westrope, les amis de sa tante propriétaires de la librairie où il travaillait. Des personnalités de l'ILP lui donnèrent des lettres d'introduction pour faciliter son enquête à Wigan, en 1936, et aussi lorsqu'il partit pour l'Espagne. L'ILP avait un bureau à Barcelone, et Orwell y fut reçu à son arrivée par son responsable, qui le dirigea vers la caserne du POUM. Il existait entre les deux formations une fraternité évidente. Le POUM était un parti marxiste indépendant, ce qui se faisait de plus proche de l'ILP en Espagne. Orwell, qui avait plus de compétences militaires que nombre des engagés volontaires, prit le commandement du contingent de l'ILP à la fin du mois de mars.

Les accusations portées par les communistes contre le POUM, assimilé à un parti trotskiste, rapprochèrent encore Orwell de l'ILP, mais aussi des anarchistes, des trotskistes et de ceux qui considéraient qu'une révolution populaire pouvait non seulement permettre de gagner la guerre d'Espagne, mais d'éviter la guerre mondiale que l'Europe voyait approcher.

Orwell prit sa carte à l'ILP en 1938, et expliqua qu'à ses yeux c'était le seul parti qui défendît véritablement le socialisme. Il ne s'en éloigna qu'à la signature du pacte germano-soviétique, lorsqu'il prit conscience de son profond patriotisme et de sa loyauté indéfectible envers l'Angleterre. Face au choix qui s'imposait à lui, il faisait celui de la démocratie, certes critiquable et imparfaite, mais prête à défendre ses valeurs contre le fascisme, fût-ce au prix d'une guerre.

Orwell n'abdiqua pas pour autant ses idées révolutionnaires, et il voulait croire que des cendres de l'Europe à feu et à sang se relèverait un monde neuf, débarrassé des impuretés du capitalisme et de l'impérialisme. La guerre opérerait comme une sorte de révolution par le feu.

Au terme du conflit, Orwell demeura un socialiste convaincu, défendant dans ses divers articles un socialisme humaniste et utopiste, un socialisme qui chercherait, à défaut de pouvoir parfaire la société humaine, à la rendre meilleure, ne serait-ce qu'en réduisant l'injustice et l'inégalité.

Quant aux rapports qu'entretenait Orwell avec les anarchistes, ils furent à la fois chaleureux et conflictuels. Si Orwell appréciait les principes du mouvement anarchiste, au point de les reprendre (au moins en partie) à son compte, en se définissant comme un « anarchiste tory », il s'éleva pendant la guerre contre le pacifisme des anarchistes, semblable à celui de l'ILP. Il n'admettait pas que l'on puisse s'opposer à la guerre et encore moins freiner le combat lorsqu'il relevait de la nécessité.

Cela n'empêcha pas Orwell de défendre ses amis anarchistes lorsque, en 1944 et 1945, le ministère public engagea des poursuites contre les rédacteurs de la revue *War Commentary* et certains responsables du mouvement, sous le prétexte qu'ils avaient cherché à nuire à l'effort de guerre. Certains firent de la prison. Orwell s'insurgea publiquement dans les colonnes de son journal, *Tribune*.

Si Orwell dénonça toujours vigoureusement le stalinisme, comme peu d'intellectuels de son époque l'ont fait, on ne peut l'accuser pour autant d'anticommunisme primaire. Je ne sais quelle pernicieuse malveillance a inspiré les auteurs d'un article de presse qui, plus de quarante-cinq ans après sa mort, traitait Orwell de délateur anticommuniste, l'accusant d'avoir fourni au Foreign Office des listes de « compagnons de route » ou de sympathisants communistes, désignés parmi ses amis écrivains, journalistes ou autres intellectuels.

C'est fort mal connaître Orwell, qui non seulement était d'une parfaite intégrité morale, mais avait choisi pour exprimer ses idées le langage le plus clair, le plus limpide et le plus direct qui soit, celui de la littérature. Il combattait le totalitarisme en face, et il n'était pas homme à dénoncer qui que ce soit par-derrière.

Ces allégations – par ailleurs aisément réfutables –, outre qu'elles montrent à quel point ceux qui les ont formulées parlaient d'Orwell sans rien savoir de lui, donnent à réfléchir sur la facilité (et l'ingéniosité, même) avec laquelle les médias peuvent, sous prétexte de lever le voile sur une vérité cachée et de faire la lumière sur une prétendue zone d'ombre, ternir une image, affaiblir une vertu, et jeter définitivement le doute sur un personnage qui, plus que tout autre, aura lutté toute sa vie contre le mensonge et l'hypocrisie.

Ce flagrant délit de falsification, repris sans plus de vérification par plusieurs journaux, aura sans doute constitué la plus subtile illustration du principe de désinformation si bien analysé dans *1984*. Orwell en aurait, s'il avait été là pour se défendre lui-même, sûrement apprécié la redoutable efficacité[1].

1. On peut lire à ce sujet *George Orwell devant ses calomniateurs, quelques observations*, Ivrea-L'Encyclopédie des nuisances, 1997.

Romanvie

De même que l'egovie, dans le novlangue de *1984,* qualifie à la fois l'égoïsme et l'excentricité, le *romanvie* est une forme littéraire apparue au début du XXIe siècle, mettant en scène la vie de l'auteur. On a parlé d'abord d'autofiction pour désigner les romans où l'auteur se racontait, plus ou moins explicitement. Puis un groupe de jeunes écrivains s'est distingué dans les années 2030 et le terme romanvie est né, qui a donné au genre à la fois sa définition (structure interne, langage, construction, métaphores, etc.) et son identité. Une querelle s'ensuivit, comme souvent lorsqu'une nouvelle forme voit le jour, qui reprenait les arguments généralement employés dans ce genre d'opposition anciens-modernes.

Les détracteurs faisaient valoir que le romanvie n'était pas différent du journal intime et qu'il n'était donc pas nécessaire de créer un mot pour désigner ce que l'on connaissait déjà depuis des lustres. Les défenseurs prétendaient que le sujet ne comptait pas, seul le traitement importait, Marcel Proust lui-même n'avait pas fait autre chose. On le considérait d'ailleurs comme le père et le précurseur du romanvie, ce qui apportait aux prétendants au titre d'écrivain une légitimité que tous brandissaient comme une oriflamme. Le parrainage de l'illustre ancêtre autorisait toutes les médiocrités.

Quoi qu'il en soit, le public montrait pour la nouvelle génération d'écrivains autobiographes un intérêt sans cesse accru et ce succès contribua énormément au développement du genre. Il y avait là une sorte de voyeurisme ouvert, sans complexe, auquel répondait un étalage non moins scrupuleux de vies retournées comme des gants, dont on exposait l'intérieur, une fois qu'on les avait disséquées par le menu.

C'est alors qu'une romancière, déjà âgée et très célèbre à l'époque pour ses nombreux romans en large partie autobiographiques, fut convaincue de pure invention. On s'aperçut qu'elle n'avait jamais vécu les événements qu'elle relatait (son enfance invraisemblable et picaresque lui avait déjà fourni la matière de plusieurs livres). Ce fut un tollé parmi ceux que son succès irritait.

Ses amateurs (elle avait un important public d'inconditionnels) se séparèrent en deux camps : une poignée prit sa défense et défendit bec et ongles leur écrivain fétiche, refusant absolument de prêter foi aux allégations qui mettaient en cause son intégrité; quant aux autres, les plus nombreux et les plus véhéments, ils s'élevèrent contre celle qu'ils avaient jadis vénérée et s'attachèrent à détruire sa réputation, relayés par une partie de la critique à qui l'on doit d'avoir introduit la valeur de vérité en littérature, ce qui ne s'était jamais vu jusque-là.

L'imagination était devenue mensonge. Il ne pouvait y avoir création littéraire que dans la mise en scène de la réalité, l'invention était une malhonnêteté intellectuelle, quasiment toute la littérature romanesque des siècles passés était une imposture.

Des écrivains, en particulier les auteurs de romanvies dont on aurait pu croire qu'ils y seraient les plus indifférents, dénoncèrent l'obligation de vérité imposée aux auteurs par une très grande majorité des lecteurs et des médias (de nombreux sondages donnaient des pourcentages compris entre 85 et 95 % d'amateurs de « vraie vie ») et avouèrent, dans leurs propres œuvres, de nombreuses inventions.

La confusion fut extrême, et s'ensuivit une vague d'épuration. Les maisons d'édition, filiales de grands groupes de production, ne pouvaient se permettre une ligne qui déçût l'opinion. On ne publia plus que des romanvies certifiés – l'auteur s'engageait par contrat à ne rien inventer et à ne relater que des événements vérifiables. De nombreux écrivains, qui refusaient de signer cette clause, perdirent toute chance de voir leurs livres édités.

Le romanvie prit alors une orientation nouvelle, dépourvue de saveur et de fantaisie. Nul n'osait plus s'écarter d'une forme de récit conventionnelle.

Désormais, rares étaient les jeunes écrivains qui n'entraient pas en littérature par la voie du romanvie (les seuls autres genres littéraires demeurant l'essai et la biographie historique), mais à l'intérieur d'une même forme on trouvait de grandes variations de qualité, la plupart des auteurs cependant ne parvenant pas à établir la distance nécessaire à une transposition réussie.

Tout le problème était là, qui plombait la majorité des textes et les gardait collés au sol, englués dans la réalité. La transposition chère au roman classique n'opérait plus, sauf à de rares exceptions (tels Paul Verdinet, Agnès Blomet-Roux, Christal Perron, Timothée Viff, pour ne citer que les plus talentueux), que tout le monde connaît aujourd'hui puisque leur œuvre s'est inscrite dans la durée et nous est parvenue dans toute sa saveur.

Chacun croyait avoir quelque chose à dire, confondant raconter et créer. Sous couvert d'authenticité, les éditeurs faisaient la promotion de textes qui ne présentaient plus aucun intérêt artistique. On choisissait les auteurs en fonction de leur capacité médiatique, et les services de promotion veillaient à ce qu'ils soient particulièrement séduisants ou assez narcissiques pour présenter d'eux-mêmes un spectacle complet, à chaque intervention.

La littérature connut une période de déclin extrême, qui manqua lui être fatale. Les écrivains de talent se détournaient de l'écriture, ou du moins de la publication, laissant la place à une armée de nombrilistes écervelés, alignant sur une petite centaine de pages (les livres étaient de plus en plus courts) des banalités et des platitudes consternantes de trivialité. Les éditeurs indépendants, acculés par les grands groupes et soumis à des conditions de concurrence intenables, fermèrent boutique, la plupart firent faillite.

Ceux qui se maintinrent quittèrent le réseau de la librairie pour assurer leur diffusion par le biais de l'internet. Ils proposaient leur catalogue en ligne, imprimaient à la commande et adressaient directement les ouvrages par voie de poste. On ne trouvait jamais leurs livres dans un lieu de vente. Cette production était tout à fait marginale, et largement déficitaire. Aux yeux des auteurs, son principal défaut était l'absence d'enregistrement des œuvres, puisque seuls les livres vendus en librairie obtenaient un code-barre de la commission de visa. Les auteurs qui publiaient chez un éditeur indépendant n'avaient pas d'existence légale en tant qu'écrivains. Pire, les livres n'étaient répertoriés nulle part.

Il fallut la témérité et le génie littéraire de Juliette Albwax pour oser braver l'interdit – avec la complicité et le soutien de sa maison d'édition Personne, spécialisée dans les textes contestataires et marginaux – et revenir à l'imagination pure. La rumeur courut tout d'abord qu'un roman « à l'ancienne » allait paraître, et lorsque en effet le livre s'afficha dans les catalogues en ligne, le public, par un curieux retournement des choses comme il s'en produit aisément lorsque la mode seule impose le goût général, s'enticha de ce texte jusqu'à provoquer la réforme du décret de vérité.

Bientôt, on vit réapparaître les œuvres de fiction. Elles avaient, après presque dix ans d'interdiction, une allure empruntée qui leur donnait un certain charme quelque peu suranné. Mais cela ne dura pas. La parution de *Per Alvim* de Juliette Albwax avait déverrouillé l'imaginaire, ce fut toutefois le roman de Peter Merteaux, *L'Oubliette*, qui marqua véritablement le retour à une littérature épanouie, en pleine possession de ses moyens. Par un curieux hasard, un des meilleurs romans de l'année 2025 (soit deux ans après l'abandon du décret de vérité) fut l'*Autoportrait en gentleman* de Germain Manouji, qui s'inspirait en large part de la vie de son auteur, mais d'une manière si singulièrement originale et déroutante que la plupart de ses lecteurs n'y virent qu'une œuvre de fiction.

Aujourd'hui, vingt ans après l'apparition du terme, on peut considérer que le romanvie est un genre mineur, non par la quantité des textes publiés, qui reste toujours assez importante, mais par leur qualité, qui dépasse rarement le niveau d'une narration plate et sans envergure stylistique. Il faut dire que tous les bons romanvies, dès lors qu'ils sont repérés par les éditeurs, paraissent sous l'appellation « roman ». Ne demeurent romanvies que les récits de second rang, de médiocre facture.

Sur le plan purement littéraire, les romans d'Orwell sont moins agréables à lire que ses documents, comme si l'auteur n'avait pas été aussi à l'aise dans la fiction que dans le récit. Que ce soit dans la psychologie des personnages, le développement de l'intrigue, la façon dont les thèmes sont traités, les choix de construction, une certaine maladresse, une manière un peu lourde empêchent les livres de « décoller ». C'est surtout vrai pour ses trois premiers romans (*Une histoire birmane*, *La fille du clergyman*, *Et vive l'aspidistra !*). Le lecteur n'est pas véritablement emporté, oscillant entre l'enthousiasme (certaines scènes sont excellentes) et la perplexité (d'autres sont laborieuses).

Cela s'améliore nettement dans *Un peu d'air frais*, dans lequel n'apparaissent plus aucun de ces défauts. Quant à *La ferme des animaux* – qui n'est pas un roman, mais tout de même une fiction –, c'est un livre remarquable par la concision et la cohérence de son style.

Même dans *1984*, son œuvre la plus lue, on trouve nombre de maladresses, d'incohérences et de défauts formels. Mais la portée du livre est si considérable, la thématique qui le sous-tend si magistrale que l'on ne peut s'attarder aux imperfections, dues en bonne part à la précipitation dans laquelle Orwell a écrit ce dernier roman, talonné par la tuberculose qui le poussait à avancer au plus vite, sans prendre le temps de peaufiner les détails. Sa maladie, les conditions épuisantes dans lesquelles il travailla expliquent les lacunes, quand par ailleurs on sent la réflexion menée à son terme, le sujet parfaitement maîtrisé. Orwell le savait, qui considérait son roman comme « raté », mais qui était conscient d'avoir donné des pistes de réflexion d'une ampleur rarement atteinte dans une « utopie » de ce genre.

Si l'on peut discuter des qualités de styliste d'Orwell dans ses romans, je ne crois pas que l'on puisse honnêtement trouver de défauts sérieux à ses récits.

Dès qu'il s'agit de la réalité, Orwell maîtrise parfaitement la manière d'approcher un sujet, de le mettre en valeur, d'en donner des images fortes. Il le fait remarquablement dans ses textes documentaires (*Dans la dèche à Paris et à Londres*, *Le quai de Wigan*, *Hommage à la Catalogne*), quand il met en scène de vrais personnages, des lieux, des situations. Non qu'il arrange la réalité, mais il crée une mise en abyme qui la rend tout à coup extrêmement présente, vivante, palpable. Au fond, le récit est le genre qui lui convient le mieux, certainement à cause de cette empathie qu'il a envers les individus, tandis que le roman le plonge dans une sorte d'abstraction, qui lui sied moins.

Qu'on ne se méprenne pas, je ne cherche pas à contester le talent d'Orwell, ni à en faire un auteur mineur, ce qu'il n'est absolument pas. Mais il m'a paru intéressant d'analyser les raisons de ce déséquilibre (entre fiction et non-fiction).

C'est une question cruciale pour un écrivain, car elle pose le problème du rôle de la fiction. Que permet-elle que n'autorise pas le récit, et inversement ? En quoi le roman va-t-il plus loin dans la distance introduite avec le sujet ? La transposition nécessaire à toute construction romanesque assure-t-elle au genre sa supériorité artistique ? Il me semble qu'il y a un rapport personnel au monde qui s'exprime là, et chaque écrivain a le sien propre, qui non seulement détermine sa façon d'écrire, mais le pousse vers une forme ou une autre, qui lui correspond, dans laquelle il s'épanouit.

Orwell est subtil dans le récit, allant et venant sans cesse, dans un mouvement très souple et insensible, du détail à l'universel, la matière est dense, riche, fourmillant d'informations, le lecteur participe soudain à son analyse et se sent associé à la réflexion pleine d'intelligence de l'auteur. Dans ses romans (je ne parle pas de *La ferme des animaux*, en tous points remarquable), les personnages sont presque tous irritants, on dirait que l'auteur lui-même en est embarrassé, qu'il ne sait comment les rendre sympathiques. Ils occupent par leurs travers le devant de la scène d'une manière qui biaise la vision globale que l'on pourrait avoir de l'histoire et de son propos. N'étant pas assez incarnés, ils ne savent pas trouver leur place juste et gesticulent sous nos yeux, agaçant le lecteur par leur manque de pertinence.

Quelque chose retient Orwell de faire de ses personnages de vrais héros de roman, mais on ne saurait dire quoi, car il y parvient très bien lorsqu'il s'agit de personnages réels, ayant existé (du moins en est-on persuadé), qui prennent immédiatement sous sa plume une dimension quasi romanesque. C'est particulièrement vrai dans *Le quai de Wigan* et *Dans la dèche à Paris et à Londres*, mais aussi dans *Hommage à la Catalogne* (la première scène du livre est assez exemplaire à cet égard). On dirait qu'il lui est nécessaire de s'appuyer sur une image concrète. L'écriture romanesque, qui nécessite non seulement imagination et invention, mais aussi affranchissement de la réalité, ôte à Orwell son atout le plus précieux, en ne faisant pas appel à son sens aigu de l'observation. Enfin, la transposition qu'il opère avec tant d'aisance dans ses récits, mettant en scène son vécu avec une distance parfaite (recul et proximité dosés idéalement), perd dans ses romans la justesse d'évaluation des perspectives qu'il maîtrise si bien dans l'écrit journalistique.

Pour m'être essayée à la fois aux deux genres (roman et récit), je connais la difficulté qu'il y a dans l'un à tirer la thématique générale (l'idée que l'on a au départ) vers le particulier de la narration (rendre vraisemblable et donner de la force à l'intrigue, pour mieux soutenir le propos et le discours du livre) et dans l'autre à élever le particulier et le détail des choses vues à un niveau d'intensité suffisant pour accéder à l'évocation d'un sentiment ou d'un principe universels.

Les deux approches sont les pendants inverses et complémentaires d'une même recherche et d'une même forme d'art, qu'on appelle littérature. Chez chaque écrivain, il y a une inclination vers l'une ou l'autre forme, étroitement liée à sa perception du monde, à sa personnalité profonde.

Orwell était un homme très pratique, il avait un sens solide des réalités matérielles, il n'était pas du tout un poète distrait et rêveur, détaché des choses de ce monde. Ce n'était pas non plus un intellectuel, au sens où on l'entend d'ordinaire, et bien qu'il fît très bon usage de son intelligence, il méprisait l'excès de cérébralité, sans lien avec la vie ou sans curiosité de l'autre ou de l'ailleurs.

Parallèlement à ses livres, Orwell a écrit des centaines d'articles, de critiques et de chroniques pour la presse. Il est aussi l'auteur d'essais politiques tels que *The Lion and Unicorn*, *My Country Right or Left*, *Inside the Whale*, etc., traduits et réunis dans les quatre volumes d'*Essais, articles, lettres* de George Orwell publiés ces dernières années par les éditions Ivréa-L'Encyclopédie des nuisances. La quantité d'articles et de notices, de lettres, de chroniques et d'essais plus ou moins volumineux rédigés en trente ans (1920-1950) montre à quel point l'auteur de *1984* a consacré sa vie à l'écriture. La variété des textes donne assez l'idée de ce que dut représenter pour lui, au quotidien, le témoignage écrit autant que la littérature.

L'intimité qu'Orwell a entretenue avec son époque, la proximité avec laquelle il s'est penché sur l'Histoire en marche (il n'a connu que la première moitié du XXe siècle) en font un observateur privilégié de son temps. Son extraordinaire lucidité, son refus de céder aux modes et aux courants de pensée dominants, sa grande réactivité à l'injustice en ont fait l'écrivain politique le plus pertinent de son siècle.

Orwell a fréquenté beaucoup d'écrivains de sa génération, de poètes et de journalistes, dont la plupart sont britanniques, plus ou moins connus en France. Dès la *prep school*, il fit la connaissance du critique Cyril Connolly, qu'il devait retrouver dans sa promotion à Eton et qui demeura un de ses amis. À Eton, il eut également pour camarades Cecil Beaton et

Anthony Powell. Aldous Huxley fut un de ses professeurs. C'est lorsqu'il s'installa à Londres, en 1934, qu'il constitua véritablement son cercle d'amis – Rayner Heppenstal et le poète Michael Sayers, rencontrés lorsqu'il était libraire et avec qui il partagea un appartement avant de se marier, le sociologue Geoffrey Gorer qui fit de ses livres de très judicieuses critiques, L. H. Myers, qui lui offrit (sans le lui faire savoir) un séjour de six mois au Maroc pour soigner ses poumons, Jack Common, Stephen Spender, Anthony Powell, Herbert Read, William Empson, etc.

Parmi les écrivains européens, Orwell rencontra Arthur Koestler dès son arrivée en Grande-Bretagne (d'origine hongroise, il avait vécu dans différents pays d'Europe avant de se fixer en Angleterre) et les deux hommes, qui s'admiraient mutuellement, devinrent vite de proches amis.

Orwell rencontra plusieurs fois à Paris Henry Miller, dont il admirait les livres (entre autres *Tropique du Cancer*), bien que l'homme fût on ne peut plus différent de lui et qu'il ne partageât pas ses opinions politiques.

Parmi les écrivains qui l'avaient précédé, Orwell avait ses auteurs fétiches : Shakespeare, Swift, Fielding, Dickens, Zola, Flaubert. Il lut énormément durant les années de collège, en particulier des auteurs comme Kipling, H. G. Wells, G. B. Shaw, Jack London. Parmi ses contemporains, il appréciait en outre Joyce,

T. S. Eliot, D. H. Lawrence, et surtout Somerset Maugham, dont il admirait le style et dont les écrits eurent sur lui une influence déterminante.

Sexyber

C'est en 2009 que le premier *sexyber* a ouvert ses portes. Le sexyber est un établissement spécialisé dans les affaires du sexe, qui tient à la fois du cybercafé classique et de la « galante », ainsi que la loi du 14 février 2008 a souhaité nommer les maisons closes dont elle a autorisé la réouverture. Les sexybers ont actualisé le lupanar traditionnel en en faisant un lieu à la pointe de la technologie, et l'on y trouve de quoi satisfaire les désirs et les rêves les plus variés, aussi bien avec des créatures virtuelles qu'avec des partenaires bien vivants, éventuellement les deux à la fois.

Sexe en ligne, conversations érotiques, albums animés et répertoires kamasoutresques, l'infinie variété proposée par les sites dédiés au plaisir et à la jouissance sont un prétexte, un préambule ou un accompagnement à de plus concrètes expériences, proposées par un personnel toujours très au point techniquement (surfeurs de haut vol le plus souvent), qui oriente les clients à travers un dédale de sollicitations et les conduit, au terme d'un parcours enivrant, vers d'authentiques faveurs.

En dix ans d'existence, les différents sexybers ont inauguré de multiples formules, avec plus ou moins de succès. Certains offrent des voluptés spécifiques, d'autres sont plus généralistes. On observe toutefois des tendances dominantes, qui rendent compte des fantasmes les plus répandus, et aussi des évolutions de la société, en particulier la fréquentation toujours plus importante des sexybers par les jeunes femmes, alors qu'on s'attendait à une majorité masculine.

La loi de 2008 prévoyait la mixité des sexybers, mais c'était plus pour répondre à l'exigence de parité que dans un réel souci d'égalité des sexes. Contrairement à ce que l'on imaginait, la formule convient bien aux femmes, qui y rencontrent des partenaires professionnels et attentifs à les satisfaire. Les lieux sont souvent très conviviaux, les chambres équipées de ces nouveaux grands écrans plats à haute définition, et l'ambiance n'a rien de déplaisant, bien au contraire, puisque tout le monde y vient pour s'amuser, échanger, surfer sur des sites sélectionnés et sacrifier au plaisir charnel.

Curieusement, les hommes sont plus déroutés par la formule « sexe pixel-sexe réel » et ne parviennent pas toujours à trouver le juste équilibre entre leurs partenaires des deux natures. Les jeunes femmes qui travaillent dans les sexybers se retrouvent souvent désœuvrées tandis que leurs clients ne peuvent se détacher de l'image qui bouge sur l'écran ou de la conversation érotique qu'ils entretiennent depuis leur clavier. La créature de chair ne sert dans ces cas-là que de support à l'émotivité du client, ce qui peut paraître étonnant, mais se produit très fréquemment, au point que de nombreuses jeunes filles se font embaucher à temps partiel dans les sexybers, sachant qu'avec un peu d'habileté, elles n'auront pas à affronter la libido de leurs clients, du moins pas directement.

À l'inverse, cela n'arrive pratiquement jamais lorsque ce sont les femmes qui consomment, elles profitent pleinement de l'homme dont elles ont loué les services et bien souvent se contentent de consulter les écrans de la salle commune à titre d'entrée en matière, négligeant le recours à l'écran privé, une fois rendues dans l'intimité, en bonne compagnie. Dans leur chambre, la plupart choisissent un fond d'images parmi ceux qui sont présélectionnés, mais font peu de cas de l'interactivité virtuelle, préférant se concentrer sur l'action réelle, et s'abandonner dans des bras véritables.

Les sexybers, depuis leur création, ont rencontré un vif succès et on en compte aujourd'hui, dans les grandes villes, presque autant que de restaurants. Le personnel est souvent d'origine étrangère, mais pas exclusivement, et de nombreux jeunes gens des deux sexes y travaillent deux ou trois soirées par semaine, qu'ils soient étudiants, chômeurs, acteurs ou empreks (emplois précaires). Nul besoin de formation, les sites sexuels sont suffisamment documentés pour fournir aux aspirants partenaires les bases du métier, s'ils en manquent. Les filles n'ont souvent pas grand-chose à faire, pour les raisons que l'on a vues. Quant aux garçons, c'est l'occasion pour eux d'avoir des relations sexuelles sans difficultés préalables. Tout le monde y trouve son compte.

La pratique courante du sexe virtuel dans la vie quotidienne d'un grand nombre de gens a tout de même modifié les comportements érotiques. On observe de plus en plus fréquemment une sorte de dédoublement des individus, qui osent s'aventurer virtuellement sur des territoires qu'ils n'aborderaient jamais face à une personne réelle, et qui à l'inverse manifestent une attente excessivement sentimentale dès lors qu'ils sont en présence d'une conquête potentielle, en chair et en os.

C'est ce que les sexologues appellent une schizophrénie désérotisante, qui la constatent essentiellement sur des sujets masculins. Cela conduit, chez certains d'entre eux, à l'impuissance ou à l'éjaculation précoce, et oblitère leur vie sexuelle et conjugale de manière assez problématique.

Les choses se passent comme si la consultation régulière de sites très stimulants sexuellement avait des conséquences directes sur certains mécanismes de la libido. Le désengagement des phéromones dans la pratique virtuelle, par exemple, modifie les réactions physiologiques dans le cas d'une vraie rencontre. Non seulement l'organisme ne produit pas de phéromones, et n'en émet pas à destination du partenaire à séduire, mais celles de la femme ne sont plus reconnues tant les capteurs sont peu réceptifs.

Par ailleurs, la surenchère dans les procédés d'excitation par l'image et le son auxquels font appel la plupart des sites provoquent chez les utilisateurs une augmentation du seuil d'excitabilité, tout en diminuant l'appétit sexuel, car là encore, les fonctions physiologiques sont perturbées par une modification des processus naturels, imperceptible dans un premier temps car masquée par un sentiment de satisfaction obtenu par autosuggestion.

Il reste assez difficile à l'heure actuelle de savoir combien d'hommes sont atteints de schizophrénie désérotisante. Même si la nouvelle libération des mœurs introduite par la création des sexybers a levé bien des tabous, avouer sa difficulté à trouver une compagne et à vivre une sexualité normale demeure encore très embarrassant. La plupart des célibataires ne pensent même pas à consulter. Et fréquentent plus assidûment que jamais les sexybers à la mode.

Orwell eut avec les femmes, du moins avant de rencontrer la sienne, des rapports assez tumultueux. Elles se montraient trop difficiles à séduire, il fallait déployer mille ruses, il manquait d'argent pour leur faire la cour. Bref, ça résistait. Bien qu'il eût plusieurs amies fidèles, qui souvent lui rendirent de grands services, telle Mabel Fierz, qui sauva son premier manuscrit, lui trouva un agent et l'aida de multiples manières, il avait plus de mal à convaincre celles qui lui plaisaient de devenir ses petites amies.

Les femmes de ses romans apparaissent sous des traits peu flatteurs, soit qu'elles cherchent (presque toujours) à attirer dans leurs filets un mari prospère dont elles profiteront ensuite, soit (l'ayant déniché) qu'elles se montrent acariâtres, culpabilisantes ou ennuyeuses. Seule la Julia de *1984* est un personnage féminin à peu près exempt des défauts ordinaires qu'Orwell prête aux femmes de ses romans. Et la Rosemary de *Et vive l'aspidistra!* est d'une patience admirable face au héros, Gordon Comstock, qui ne fait rien pour mériter ses faveurs, même s'il éprouve le plus tenaillant besoin d'être aimé. C'est sans doute elle qui correspond le mieux à l'idéal féminin d'Orwell, celui d'une personne simple, spontanée, sans affectation, chaleureuse et compréhensive, qui n'exige rien en retour de son amour et ne harcèle pas son amant. Infiniment moins égoïste que l'homme qu'elle aime...

À cet égard, Eileen O'Shaughnessy, que l'écrivain épousa en 1936, devait avoir l'altruisme de Rosemary, car elle soutint Orwell et le suivit dans tous ses projets, y compris les plus inconfortables et les plus dangereux, sans jamais se plaindre ou chercher à le dissuader. Orwell lui fut parfois infidèle, avec cette espèce de brusquerie qui le caractérisait dans son approche des femmes qu'il désirait, et qui certainement masquait une grande timidité et très peu de confiance en lui.

Eileen mourut en mars 1945, au cours d'une opération dont Orwell avait totalement sous-estimé la gravité (il s'agissait vraisemblablement d'un cancer) et alors qu'il était en voyage en Allemagne et en France, au titre de correspondant de guerre. Il n'avait rien vu venir et fut accablé par cette mort prématurée (le couple venait d'adopter un enfant), mais il n'est pas sûr qu'il en conçût la moindre culpabilité. Orwell chercha frénétiquement une nouvelle femme (qui fût autant une mère pour son enfant qu'une maîtresse pour lui), proposant le mariage à plusieurs de ses relations féminines, parfois sans la moindre pertinence. Son statut d'écrivain impressionnait, mais ses manières pressantes, qui manquaient d'à-propos et de tact, lui valurent plusieurs dérobades et autant de refus.

Orwell, ainsi qu'il le confia à son ami Koestler, aurait voulu être « irrésistible pour les femmes » ce qu'il n'était pas précisément, bien qu'il eût assez de qualités pour les charmer et les séduire intellectuellement. En outre, il les connaissait bien, ayant passé son enfance entouré de femmes (son père était en poste aux Indes tandis que sa mère vivait en Angleterre avec les enfants).

George Orwell avait deux sœurs, Marjorie et Avril, la première avait cinq ans de plus que lui, la seconde cinq ans de moins. On ne peut pas dire que ses sœurs furent pour lui des amies fidèles et compréhensives, mais lorsqu'il se retrouva seul, après la mort de sa femme, Avril vint le seconder durant son séjour sur l'île de Jura. Elle n'ignorait pas que celui qu'elle appelait encore Eric était également George Orwell, mais elle n'avait rien lu de lui et n'avait aucune idée de la manière dont vivait son frère, pas plus que des amis qu'il fréquentait et qu'il avait invités dans sa ferme de Barnhill.

Curieusement, Orwell la laissa régenter sa vie, fâcher ses amis et les jeter dehors lorsqu'ils ne lui plaisaient pas, y compris la jeune femme qui, depuis la mort de sa femme, s'occupait de son petit garçon. Avril, en célibataire autoritaire, avait décidé de prendre soin de son frère et de son neveu, et apparemment, il n'était pas vraiment question de l'en dissuader. Finalement elle n'eut pas à regretter son dévouement, puisqu'elle rencontra son mari à Jura en la personne du jeune officier démobilisé qui travaillait pour les propriétaires de la ferme louée par Orwell. Avril resta aux côtés de son frère jusqu'à ce qu'il quitte la petite île pour entrer à l'hôpital, dont il ne devait plus ressortir.

Indépendamment de ses déboires amoureux, Orwell a noué au cours de son existence plusieurs amitiés féminines très solides et durables, parmi lesquelles Mabel Fierz, Brenda Salkeld, Inez Holden et Celia Kirwan (sœur jumelle de la femme de Koestler).

Enfin Sonia Brownell, une jeune femme de quinze ans sa cadette avec qui il avait eu une liaison fin 1945, mais qui avait repoussé sa proposition de mariage, accepta de l'épouser quatre ans plus tard, alors qu'il était déjà très malade. Ils se marièrent à l'hôpital et n'eurent guère le temps de profiter l'un de l'autre, car Orwell mourut trois mois après. Par testament, il fit de Sonia Brownell son exécuteur littéraire et la tutrice de son fils Richard.

Téléphrène

Le mot a été employé pour la première fois en 2013, sous la plume d'un professeur de lettres qui avait écrit dans le bulletin trimestriel d'un de ses plus mauvais élèves l'annotation suivante : *N'écoute rien, ne s'intéresse à rien, ou plutôt à rien d'autre qu'aux programmes TV. Téléphrène avancé. Cas désespéré.*

L'élève était le fils d'un journaliste qui s'empara du mot et en fit le titre d'un dossier dans l'hebdomadaire auquel il collaborait. En couverture on pouvait lire, inscrit en grosses lettres rouges sur fond de foule adolescente : « Nos jeunes sont-ils tous téléphrènes ? » Le mot fut immédiatement adopté.

Depuis 2017, il désigne une affection pathologique dont les symptômes ont été décrits avec précision, et qui relève de la psychiatrie pour les cas les plus aggravés. De même que l'oligophrène est un arriéré mental, l'hébéphrène un dément précoce, le téléphrène est un individu dont la pensée est infiltrée et modulée par des messages émis à distance, l'esprit téléguidé, gouverné par son téléviseur. L'univers télévisuel devient le seul repère, la réalité et la fiction ne sont plus distinguées, l'émotion est jugulée au profit de réactions hystériques superficielles, les connexions cérébrales ne se font plus correctement (pas de lien direct entre violence et empathie, par exemple), le quotidien est totalement annexé et aliéné aux modèles et aux attitudes des personnages de séries, des présentateurs, des stars d'une saison.

Peuvent être victimes de cette maladie tous les téléspectateurs qui passent plus de huit heures par jour devant leur téléviseur. On a rapproché cette affection de celle qui touchait au XXe siècle les jeunes Japonais, appelés otaku, enfermés dans l'univers du virtuel, incapables de communiquer avec leur entourage, victimes d'une extrême déréalisation. Mais à la différence des *otaku*, souvent privés d'enfance et de jeux, poussés sans merci dans la compétition scolaire et angoissés par le monde problématique des adultes, il y a chez les téléphrènes une addiction à la télévision acquise dès le plus jeune âge, et les spécialistes considèrent que les dégâts les plus irrémédiables sont ceux causés dans la petite enfance, souvent par des parents inconscients des ravages du petit écran sur le développement psychomoteur de leur enfant. À cinq ans, les dommages sont irréversibles, car les schémas mentaux sont en place chez le jeune enfant, et leur acquisition s'est faite de manière faussée, biaisée, travestie par la fiction et la mise en scène des programmes dont ils ont été nourris.

Même les enfants qui n'ont suivi que des programmes réservés à un jeune public peuvent être touchés par la téléphrénie, car ces émissions sont très rarement adaptées aux structures psychologiques des petits, et mettent à mal l'installation des repères essentiels au bon développement général de l'individu. Un élément ignoré des médecins jusque dans les années 2010 a permis de comprendre le principe de cette affection qui touche aujourd'hui plusieurs centaines de milliers de personnes, à des degrés divers. Des chercheurs qui travaillent sur le cerveau ont mis en évidence le rôle joué par la stimulation excessive du nerf optique (effets de scintillement, succession des images trop rapide, montage trop serré, effets spéciaux suremployés). Lorsqu'il est trop sollicité, le nerf optique réagit en bloquant la transmission des informations et les zones du cerveau chargées de traiter le contenu des images se mettent en veille. Cette veille est associée dans l'organisme à un choc violent et induit la production d'endomorphines qui anesthésient partiellement les capteurs sensoriels. Il en résulte une sorte d'autisme passager qui, à petites doses, ne porte pas à conséquence. Mais, répétés quotidiennement, ces épisodes entraînent des mini-pertes de conscience dont les effets sont comparables, à terme, à ceux d'un coma prolongé. Plus graves sont les représentations erronées qui s'inscrivent définitivement dans la mémoire profonde et empêchent l'enfant d'acquérir les bases nécessaires à une socialisation normale.

Plusieurs schémas se présentent dans cette perversion de l'apprentissage. L'identification à un personnage de fiction est l'un des plus courants : l'individu, souvent un jeune garçon de sept ou huit ans, se comporte en tout point comme le héros de série dont il a fait son modèle. Non seulement l'enfant exige d'être habillé comme lui, de manger la même chose que lui, de posséder les mêmes affaires que lui, mais il en copie toutes les attitudes et cherche à reproduire dans son environnement les situations vécues par son héros, sans prendre conscience du décalage entre la fiction et la réalité. Le principe du « faire semblant », du « jouer à », acquis normalement dès l'âge de quatre ans, n'a pas été intégré, et il est alors très difficile de le faire accepter par celui qui croit réellement *être* ce personnage.

L'adhésion sans réserve à une réalité virtuelle très éloignée de la réalité quotidienne est une autre conséquence de la téléphrénie. Elle touche surtout des adolescents de treize à quinze ans et marque généralement l'arrêt de leur intégration dans le milieu scolaire et familial. Ils s'imaginent tout à coup, le plus souvent dans le cadre du journal télévisé, mais également à la faveur d'un téléfilm ou d'une émission quelconque, qu'ils sont les responsables ou les victimes d'un événement auquel la télévision fait référence. Brusquement ils deviennent intimement persuadés de leur culpabilité, allant jusqu'à se livrer à la police, faussant l'enquête par leurs déclarations particulièrement crédibles, ou bien les voilà soudain très affectés par tel ou tel traumatisme – accident supposé, acte terroriste, guerre lointaine – au point qu'il faut les hospitaliser et les soigner pour des blessures qui, pour être imaginaires, n'en sont pas moins invalidantes (crises de délire, insomnies, bouffées d'angoisse). Ces cas sont sans conteste les plus graves, car ils relèvent de personnalités très instables, ayant abdiqué leur individualité et n'existant plus par eux-mêmes. Les jeunes gens atteints de ce type de téléphrénie ont perdu toute autonomie et toute pensée individuelle.

Enfin, et c'est peut-être la forme la plus répandue, l'insensibilité à toute forme d'émotion et la recherche d'une excitation sensorielle toujours plus vive poussent un nombre croissant de jeunes vers des usages du petit écran de plus en plus névrotiques. D'un côté ils peuvent tout voir sans rien ressentir, blindés qu'ils sont depuis l'enfance pour avoir vu trop jeunes des images que leur inconscient a puissamment refoulées, incapables alors de les traiter émotionnellement en exprimant des sentiments d'indignation, de frayeur, de tristesse, de pitié. De l'autre ils sont à la recherche de sensations fortes qu'ils ne peuvent retrouver que de manière indirecte puisque tout leur psychisme sensoriel a été perverti dans sa formation même, au début de leur vie. L'intégration des principaux tabous ne s'est pas faite, et il leur est extrêmement difficile de porter un regard moral sur leurs actes et sur la nature de leurs désirs.

La plupart de ces adolescents, lorsqu'ils souffrent d'une ou plusieurs de ces affections téléphréniques, s'excluent d'eux-mêmes de la vie sociale. Ils sont très vite déscolarisés, et nombreux sont les parents qui les incitent à quitter leur foyer, épuisés par des attitudes et des comportements parfaitement aberrants et qui mettent en danger le reste de la famille. Il arrive néanmoins que tous les enfants d'une même fratrie soient touchés, et c'est alors l'explosion de la cellule familiale, avec des conséquences très fâcheuses pour tous ses membres, et pour la société tout entière qui vit ces drames intimes comme autant de camouflets.

Les cas de téléphrénie sont si nombreux qu'il est désormais impossible de ne pas les attribuer à un système tout entier, qui non seulement s'est désintéressé du sort de ses enfants en laissant les parents assumer seuls leur éducation, sans proposer aucun relais ni créer aucune structure de prise en charge des petits enfants, mais a également, pour des raisons de profit, autorisé sur la plupart des chaînes la diffusion de programmes toujours plus contraires à toutes les prescriptions des pédiatres et des pédopsychiatres.

On envisage actuellement une forme de rééducation par la télévision, puisque c'est le support privilégié de ces téléphrènes. Mais cela suppose un suivi personnel du malade en institut hospitalier, ce qui n'intervient que dans les cas les plus graves, lorsque le téléphrène met en danger la vie des autres (et éventuellement la sienne). Certains spécialistes prônent le sevrage total, ce qui a généralement pour résultat d'anéantir la personnalité du sujet, qui ne trouve plus de repère auquel se raccrocher et sombre dans une sorte d'atonie végétative très impressionnante. On peut alors reconstruire, petit à petit, les schémas mentaux élémentaires. Mais la méthode est extrêmement violente et la plupart des patients ne résistent pas à la perte de ce qui les constitue, parfois intégralement. Beaucoup se suicident, ou meurent de dépérissement, dans une sorte d'abandon de tout élan vital.

La recherche contre la téléphrénie n'en est qu'à ses débuts, et l'on espère trouver rapidement des traitements palliatifs qui permettront aux malades sinon de mener une vie normale, du moins d'éviter l'hôpital psychiatrique.

Avec le télécran, Orwell avait préfiguré la place qu'occuperait dans chaque foyer la télévision. Là où il avait imaginé un instrument voyeur, coercitif et comminatoire (le télécran donne des ordres, voit tout, entend tout et surveille votre intérieur en permanence), la télévision a introduit dans les maisons un objet de divertissement, dont les messages, s'ils peuvent par leur contenu influencer le téléspectateur, ne sont pas émis directement par le pouvoir. La télévision est le contraire du système de vidéosurveillance qu'Orwell avait imaginé, ses émissions apportent à domicile des images du monde entier, livrées vivantes à la curiosité des téléspectateurs, à leur inextinguible soif de regarder, d'être les spectateurs du proche comme du lointain, et d'absorber, tel un nectar déversé quotidiennement dans un rituel indéfiniment renouvelé, les nouvelles de la planète comme celles des vedettes du petit écran. On peut y voir un instrument d'intoxication, de façonnage des consciences et de désinformation organisée.

Néanmoins, on peut préférer cet asservissement à celui, plus direct et brutal, de pouvoirs réellement coercitifs, tels qu'Orwell les redoutait pour l'avenir et que l'humanité a eu l'occasion de connaître à d'innombrables reprises, tout au long de son histoire.

Il y a toutefois dans la télévision d'aujourd'hui un élément qui rejoint de manière détournée une des thématiques d'Orwell dans *1984*. C'est celle du corps et de son image. La présence du télécran dans l'univers domestique des citoyens de l'Océania les soumet à une préoccupation physique constante. Ils doivent en permanence contrôler leurs attitudes, les expressions de leur visage, et toutes les manifestations du corps qui pourraient paraître subversives à leurs censeurs.

Pas de joie excessive (suspecte), pas d'abattement non plus (condamnable), pas de gestes ni de démonstrations corporelles qui ne soient encadrés par les consignes du pouvoir et commandés par ses besoins. Pas de sexe, pas de tendresse familiale, pas d'effusions amicales ou amoureuses. L'énergie est canalisée, orientée vers l'ennemi, et déversée lors de cérémonies d'une extraordinaire brutalité (les Deux Minutes de la Haine, pendant lesquelles la violence gestuelle et verbale se décharge).

La télévision d'aujourd'hui joue un rôle presque inverse, en présentant de plus en plus de spectacles (je parle des émissions de divertissement) qui font appel à une forme de voyeurisme, entraînant le téléspectateur dans un grand déballage de l'intimité d'autrui.

Le succès d'émissions où l'on suit des semaines durant un groupe de personnes filmées nuit et jour souligne à quel point l'intimité a perdu du terrain, au profit d'une érotisation de l'image du corps. La différence avec le télécran d'Orwell, c'est que la contrainte exercée n'est pas ressentie comme une violation de l'intimité. Au contraire, elle est promotion de l'individu, accès à une notoriété et une reconnaissance sociale.

La caméra vidéo et l'internet sont venus apporter une composante supplémentaire au voyeurisme que le téléspectateur a de nombreuses occasions de cultiver. Les sites pullulent sur le web de particuliers qui filment leur intérieur et exposent leur quotidien en libre consultation. Avant même que l'on vienne s'introduire chez eux, ils dévoilent jusqu'au fin fond de leurs salles de bains, de leurs chambres à coucher et de leurs placards à balais.

Ils devancent leurs censeurs, en une sorte de déclaration d'innocence : « Voyez, je n'ai rien à cacher », qui devrait désarmer les plus suspicieux. Syndrome de la lettre volée dans un monde où se multiplient les caméras ? La banalité s'étale hardiment, comme remède à toutes les curiosités… Ou désir d'accéder, en amateur, au statut de star si valorisé par notre société entichée de paillettes ?

Je me demande si la découverte de l'exhibitionnisme ambiant aurait amusé ou horrifié Orwell. On peut y voir les limites d'un individualisme narcissique poussé à son comble, mais aussi l'expression d'une réaction saine au gavage visuel dont nous sommes l'objet. Car si les sujets de Big Brother sont épiés et regardés sans relâche, nous sommes à l'inverse bombardés d'images, jusqu'à l'écœurement. En renvoyer est peut-être une façon de se défendre, de se libérer du trop-plein accumulé.

En cela l'internet permet de réagir à la passivité induite par un média (la télévision) qui ne laisse pas d'autre initiative au téléspectateur que de changer de chaîne. Au moins permet-il, dans l'exercice qui consiste à aller trouver soi-même ce que l'on cherche, une satisfaction d'ordre interactif.

On peut imaginer que l'internet devienne un formidable outil de propagande et de contrôle des individus (et sans doute l'est-il déjà), mais on peut aussi considérer que la grande perméabilité du réseau, sa structure même, avec les liens multiples qu'elle engendre, opérant comme autant de contrôleurs, de vérificateurs positionnés à chaque articulation du cheminement, permettrait alors la mise en place d'un contre-pouvoir assez difficile à endiguer, le mot même de réseau rappelant le principe de fonctionnement de ce qui a donné ses lettres de noblesse (et sa majuscule) au mot résistance.

Néanmoins, la Police de la Pensée de Big Brother n'a besoin ni d'ordinateurs, ni de puces électroniques, pas plus que de téléphones mobiles pour surveiller ceux qu'elle soupçonne et dont elle épie le moindre soupir, le plus petit froncement de sourcils.

Orwell n'a pas, dans *1984*, fait un usage immodéré de la technique. Le télécran est sa seule concession à une iconographie post-moderne, telle qu'on la retrouve dans les romans de science-fiction classiques. C'est que *1984* relève avant tout de l'anticipation idéologique. Peu importent les outils, seule compte l'intention de ceux qui détiennent le pouvoir. La télévision, la vidéo et l'internet sont en eux-mêmes des inventions formidables. On peut en faire des outils d'aliénation et de contrôle, mais aussi des instruments d'éducation et d'échange. Orwell n'avait rien contre les machines, ou plutôt il avait conscience qu'il était vain de vouloir s'en passer et d'arrêter le progrès en marche. Mais il n'était pas progressiste, au sens où il ne considérait pas le développement de la science et de la technique comme la garantie d'une vie meilleure.

Aujourd'hui, l'image a littéralement envahi le quotidien, à une vitesse incroyable. Jamais la vision, sens privilégié dès longtemps par l'espèce humaine, n'a atteint un pareil niveau de sollicitation. On peut se demander, et nul doute qu'Orwell aurait été passionné par cette perspective, si elle supplantera les autres instruments (langage, écriture, etc.) jusqu'à les détruire, ou si, atteignant un tel degré d'omniprésence et de saturation, elle inspirera à l'humanité une aversion brutale, un besoin de silence oculaire, de néant visuel.

Ubullien

Nouveau type de tyran apparu au XXIe siècle, incarné par le roi autoproclamé de Pöngolie, qui le premier a ajouté aux rigueurs extrêmes d'un totalitarisme écrasant la folie de sa démence personnelle, de son goût pour l'argent et de son incohérence absolue. L'appareil mis en place pour le maintenir au pouvoir a pris au début l'allure de n'importe quelle dictature militaire, puis le régime s'est durci, introduisant purges, massacres, internements, rééducation des opposants, multiplication des centres de torture, déportations massives, etc.

Le roi Omir de Pöngolie n'a jamais caché son immense avidité, et tout ce que le pays comptait de richesses est venu accroître son patrimoine personnel. Les Pöngoliens travaillaient au seul profit de leur souverain, toutes les entreprises étant placées sous son contrôle. Il n'existait plus une seule société, un seul commerce, un seul service, une seule exploitation agricole, une seule usine, une seule centrale qui ne fût la propriété du roi. Un régime de terreur régnait, mais les Pöngoliens n'étaient pas au bout de leurs souffrances.

S'étant assuré le pouvoir absolu, le roi Omir laissa bientôt apparaître des comportements d'une grande invraisemblance. La première série de « folies », ainsi que l'on a appelé les crises de démence du tyran, organisa la destruction de tout ce qui était en papier. Une haine irrépressible du papier – « vieille chose poussiéreuse » – s'était emparée du souverain. Il fit allumer dans la capitale de grands brasiers, alimentés jour et nuit par quantité de journaux, de livres, de brochures, d'emballages, de sacs, d'enveloppes, de billets de banque, de papiers d'identité, d'archives, de registres, de cahiers, de livres de comptes, mais aussi nombre d'estampes, de gravures, de dessins, de timbres, etc.

Sous prétexte de progrès, on détruisait des documents d'une valeur inestimable, des pièces de collection, des bibliothèques entières. Nul n'était autorisé à conserver le moindre morceau de papier, quel qu'il fût. On brûla en ville, puis on brûla en campagne, on brûla tout ce qui pouvait calmer l'ardeur des brigades de perquisition en quête de matériau. Un matin, le roi décréta que le papier était exterminé. Et il fallut alors le faire renaître, parce que sans papier on ne pouvait plus assurer la propagande, constituée en partie de tracts et d'affiches à l'effigie du roi. Les imprimeurs qui avaient été emprisonnés furent exhumés des geôles et sommés de reprendre le travail, alors que leurs ateliers avaient été saccagés. Les papetiers, qui avaient jeté au feu tous leurs stocks, furent contraints de se fournir à l'étranger, ce qui ajouta l'endettement à la ruine.

Ensuite ce fut la folie de l'eau – « sot liquide qui trempe » –, puis celle de la terre – « boue stupide et vulgaire » –, celle du bois – « cadavres monstrueux d'arbres assassinés » –, celle du fer – « alliage violent qui enchaîne » –, et ainsi des matériaux les plus essentiels. Chaque fois il s'agissait d'une fixation sur un élément, que ce soit pour le détruire ou le modifier, le détourner de son usage ou l'interdire. Le pays commençait à s'appauvrir sérieusement et la désorganisation touchait tous les secteurs de la vie quotidienne. Les Pöngoliens toutefois n'avaient encore rien vu.

Le roi Omir s'intéressa soudain à ses sujets. Il les fit venir par centaines dans son palais et là, les examina, les interrogea, et les tria. Tous ceux qui ne lui convenaient pas étaient tués sur-le-champ, sans le moindre procès. Les autres étaient relâchés ou mis au cachot. Les plus chanceux étaient bannis du pays. C'est à ce moment que la presse internationale traita le roi Omir d'Ubu, au souvenir des « mises à la trappe » arbitraires du personnage de théâtre. Beaucoup de Pöngoliens voulurent s'enfuir, avant même d'être convoqués, mais les militaires contrôlaient toutes les frontières.

Il n'y avait aucune ligne politique, comme dans les grands totalitarismes du XXe siècle qui agissaient au nom d'une cause, d'un projet de société. Il n'y avait aucun discours justificatif, aucune raison avancée. Le bon vouloir et le plaisir du roi imposaient leur loi absurde. La nation entière subissait le joug dément de son souverain, engagé dans une entreprise suicidaire, refusant toute négociation avec l'étranger et menaçant ceux qui tentaient de le raisonner de faire exploser mille volcans, comme il appelait les nombreuses décharges de résidus hautement radioactifs dont le pays était truffé, résultat d'une négociation très fructueuse avec les plus grandes puissances industrielles, menée à l'époque de son arrivée au pouvoir.

La Pöngolie était une bombe en puissance, ses habitants étaient assis sur un champ de mines et le pays était aux mains d'un fou furieux. Un monde *ubullien*, tel qu'on le décrivit alors, à la fois ubuesque et orwellien.

Par quel miracle le roi Omir s'enticha-t-il de Maître Ertiam, le tout-puissant gourou de la secte Bia ? On a prétendu par la suite que Maître Ertiam était un agent des services secrets occidentaux, d'autres ont affirmé que le gourou avait été retourné par l'Agence européenne de renseignements, après la conversion du roi Omir, et que son salaire avait atteint des sommes faramineuses. Il est à peu près certain aujourd'hui que l'accident d'avion dans lequel Omir de Pöngolie perdit la vie fut orchestré par les forces spéciales de l'Asiafed. La disparition de la Pöngolie en tant qu'État dans les mois qui suivirent la mort de celui qu'on désignait à la fin de sa vie sous le nom d'Ubumir montre que de nombreux intérêts étrangers avaient agi de conserve pour précipiter sa perte et la fin de son régime de folie.

On a tendance aujourd'hui à traiter d'ubullien n'importe quel homme politique aux déclarations un tant soit peu autoritaires, c'est oublier trop rapidement sous quelle tyrannie ont vécu douze millions de Pöngoliens durant vingt ans de règne sanglant et destructeur.

On a souvent comparé Orwell à Kafka (Simon Leys a très bien montré en quoi Orwell n'était pas véritablement kafkaïen), rarement à Jarry. Serait-ce parce que Jarry souffre lui-même d'une sorte de désaffection, de méconnaissance du public ? Lui aussi pourtant a dénoncé le pouvoir totalitaire ou du moins abusif, dans ce qu'il a de plus cruel et de plus veule, en la personne du roi Ubu, personnage de tyran dont la méchanceté rivalise avec la bêtise et la couardise. Jarry, qui fut en avance sur son temps, donnait l'image d'un pouvoir absurde, brutalement cynique, mais à qui manquaient la froideur et la mégalomanie des totalitarismes du XXe siècle. Ubu devance Staline, Hitler et Mao, mais il y a dans sa personnalité une certaine fantaisie, totalement absente des grandes machines d'oppression où le sérieux n'a d'égal que l'importance des moyens mis en œuvre pour l'imposer à tous. On ne rigole pas chez les fascistes, pas plus que chez les communistes... Kundera, dans son roman *La Plaisanterie,* montre comment une boutade, une blague d'étudiant, peut valoir à son auteur l'exclusion de l'université, puis la mise au ban de la société, enfin la déportation. Le moindre trait d'humour peut ruiner une vie.

Alfred Jarry, mort en 1907, quatre ans après la naissance d'Orwell, n'aurait pu imaginer ce que le monde allait découvrir au XXe siècle, mais il avait assez bien deviné la nature des tyrans d'hier comme de demain, déments et psychopathes, pervers capables du pire pour assouvir leur besoin de domination. La différence entre Ubu et Big Brother, c'est que le premier ne cherche pas à cacher sa folie, tandis que l'autre revêt le masque de la raison et du savoir. Ubu est complètement fou, comme l'était Jarry d'une certaine manière, et ses aventures ont quelque chose d'extravagant qui rend la satire plus humaine. On se dit qu'avec un peu d'esprit, on pourrait échapper à la trappe du père Ubu, alors que c'est précisément ce qui nous enverrait directement en salle 101 face à O'Brien, le tortionnaire du ministère de l'Amour. L'univers de *1984* est sans espoir, on y a aussi aboli l'humour et le hasard.

Un mélange des deux modes de pouvoir, sous la forme d'un Big Ubu, serait terrible car à l'efficacité du totalitarisme orwellien, s'ajouterait l'impossibilité de résister à une tyrannie absurde telle que la fait régner le roi Ubu. L'ennemi, rendu imprévisible par l'incohérence et la folie de son comportement, devient beaucoup plus malaisé à contrer. On voit mal comment Big Brother, si rationnel dans son entreprise d'oppression, pourrait se maintenir indéfiniment, et l'on ne peut envisager sa victoire durable, faute de croire à l'infaillibilité d'un système qui ne s'applique qu'à 15 % de la population (les prolétaires ne sont pas concernés et d'ailleurs Winston Smith a compris que la rébellion ne pourrait venir que de là).

Alfred Jarry, d'une certaine manière, est plus proche de la réalité humaine lorsqu'il crée un personnage désordonné, bête et sans méthode. La dictature de Big Brother nécessite un contrôle permanent et universel dont aucun groupe humain, si déterminé soit-il dans sa volonté de puissance, ne s'est montré durablement capable jusqu'à présent. Le rêve d'un ordre immuable, établi jusqu'à la fin des temps, est un fantasme inspiré par l'imperfection de la nature humaine gouvernée par la loi d'entropie. En cela Jarry montre avec pertinence l'accroissement inévitable du désordre (jusqu'au délire), image certainement aussi proche de la réalité du pouvoir que celle qu'en donne Orwell dans *1984*.

Il y a chez Orwell une rationalité qui fait de tous ses personnages de pouvoir (que ce soit O'Brien dans *1984* ou Napoléon dans *La ferme des animaux*) des êtres lucides, intelligents, calculateurs, cyniques. L'aspect démentiel de leur comportement tire toujours une justification d'arguments logiques et de raisonnements imparables.

Dans les deux cas, il est intéressant de noter l'influence sur les deux auteurs des années de collège, et la difficulté qu'ils rencontrèrent à se plier aux contraintes d'une scolarité pour le moins rigide, particulièrement stricte dans le cas d'Orwell, du moins pour ce qui est des premières années de pensionnat (de huit à treize ans). Si le personnage d'Ubu est inspiré directement de la figure d'un professeur abhorré, plusieurs commentateurs d'Orwell ont vu dans *Such, such were the joys* (le récit qu'il a fait de ses années d'internat à l'école Saint-Cyprien) les prémices de l'univers despotique dépeint dans *1984*.

À en juger par la brutalité de certaines images (tous ses romans en comportent, même si *1984* bat tous les records) et par la façon dont il rudoie le lecteur, il y a chez Orwell une violence de sentiments héritée de l'enfance qui ne s'est jamais calmée.

C'est un point qui mérite de retenir l'attention, car si la perception de l'injustice, de la cruauté et la misère affective peuvent exacerber certaines sensibilités au point d'en marquer durablement les enfants qui ont vécu brimades et mauvais traitements (qu'ils soient administrés par les autres enfants ou les adultes), ils donnent aussi, poussés à l'extrême, les meilleurs tyrans. Les travaux de psychanalystes comme Alice Miller ont montré à quel point les traumatismes subis dans l'enfance ont pu déterminer les comportements des grands dictateurs du siècle, exprimant par leurs actes de barbarie un mode de pensée paranoïde lié à l'histoire refoulée de leurs premières années.

Orwell et Jarry ont tous deux réagi à cette perception du pouvoir exercé arbitrairement, l'un par la dénonciation tenace de la machine totalitaire, l'autre par la mise en lumière du grotesque et du ridicule. Jarry a choisi de rire d'un monde qui le désespérait assez pour qu'il veuille le quitter dès l'âge de trente-trois ans (il n'y parvint qu'à trente-quatre), ce fut beaucoup plus sérieusement, avec l'acharnement des travailleurs infatigables, qu'Orwell s'attaqua à la question de la domination, du pouvoir abusif et de la terreur comme mode de gouvernement. Les réponses des deux hommes témoignent de deux personnalités radicalement différentes, mais ils mettent en scène tous les deux, du moins dans leur œuvre la plus connue, la figure de l'adulte haïssable, vomissant sur ses victimes la haine qu'il a emmagasinée dès l'orée de sa vie sans pouvoir jamais s'en libérer.

À la lumière de ce que l'on sait aujourd'hui sur les causes intimes et les motivations inconscientes de ceux qui cherchent à exercer un pouvoir opprimant et douloureux, on ne peut que se convaincre de l'importance d'une éducation fondée sur la parole et l'écoute, plutôt que sur le châtiment et la répression. On en revient toujours aux mots, auxquels Orwell comme Jarry accordaient tant d'importance. Jarry cependant eut une démarche créatrice inverse, inventant quantité de néologismes qui ouvraient la langue vers des univers très imagés (le père Ubu est grand consommateur de mots nouveaux), là où Orwell proposait une langue atrophiée, réduite, amputée. Ubu raffine, imaginant mille supplices sophistiqués, jusque-là informulés, Big Brother appauvrit définitivement le langage, préférant à la phrase le poids du regard omniprésent, traquant sans relâche ses subordonnés.

On perçoit très clairement le changement d'époque, et la manière dont l'image (avec l'invention de la photographie, le développement des techniques de reproduction, puis l'apparition de la télévision) s'est imposée, occupant bientôt tout le devant de la scène au détriment des autres modes de communication. Jarry appartient à une période où la représentation est avant tout artistique, Orwell est déjà dans l'univers de la duplication.

Végéstation

On aborde actuellement la phase finale du programme spatial d'investigation des planètes du système solaire. Trois sites ont été retenus sur Mars, Vénus et Mercure pour la construction des futures stations de délocalisation. L'installation sur les planètes du système solaire nécessite d'énormes aménagements, entre autres la mise en place d'une atmosphère et la régulation des conditions climatiques. Ces travaux d'une ampleur considérable seront réalisés par des techniciens au système respiratoire modifié, pouvant supporter d'importants efforts physiques en atmosphère (provisoire) d'oxygène raréfié. Les progrès récents dans le domaine du génie génétique ont permis d'obtenir des sujets dont la capacité respiratoire est variable (les poumons s'adaptent à la quantité d'oxygène présent, en ralentissant ou en augmentant les échanges) et, surtout, multifonctionnelle (l'alvéole pulmonaire peut transformer et utiliser certains gaz ordinairement irrespirables par l'être humain).

Ces modifications d'origine génétique présentent d'autres avantages : les individus sont plus résistants aux maladies et aux variations de température, plus robustes physiquement, moins sujets aux angoisses et aux troubles psychologiques, en grande partie liés, hors de l'atmosphère terrestre, aux fonctions respiratoires.

La première phase de délocalisation en planètes voisines aura en charge le développement des structures d'accueil, destinées à recevoir par la suite de larges groupes de population. Elle devrait intervenir théoriquement aux alentours de 2050, mais prendra effet en réalité dès que l'on sera en mesure d'assurer aux stations l'autosuffisance alimentaire.

Après avoir envisagé la construction de gigantesques métropoles martiennes pouvant accueillir des populations en grand nombre, le programme spatial a retenu la formule de centres de séjour à vocation touristico-médicale. Il ne sera pas question pour les Terriens de s'installer définitivement sur les planètes voisines, comme on l'avait annoncé dans un premier temps, mais d'y faire des sortes de cures en milieu stérile. Les centres spatiaux seront aménagés à cet effet, et reconstitueront les conditions du milieu terrestre des deux siècles précédents. On y respirera un air plus pur, on y boira une eau plus limpide et l'on y jouira d'un silence inégalé, toutes choses absolument disparues à l'état naturel sur notre planète.

L'idée première avait été de proposer à des groupes de populations le principe d'une colonisation classique, telle qu'elle a pu être menée sur Terre dans les siècles passés. Mais, une fois les études réalisées, on s'est aperçu qu'il serait plus intéressant de limiter les séjours pour permettre à un plus grand nombre de Terriens de bénéficier de ce programme et de proposer un service haut de gamme, avec différents niveaux de prestations, correspondant à différents tarifs.

Ainsi, des parcelles seront aménagées en « campagne française de la fin du XIXe siècle », ou « rivage méditerranéen du début du XXe siècle », etc. Mais on pourrait également choisir « petite ville américaine du milieu du XXe siècle », ou encore « île tropicale avant la grande vague de cyclones de 2035 », et bien d'autres sites reconstitués, tels qu'ils existèrent par le passé. Tous se souviennent de la terrible succession de tempêtes qui, trente-six ans après celle qui avait touché l'Europe occidentale en 1999, a balayé les Antilles, détruisant durablement la végétation de l'archipel, provoquant incendies, raz de marée et inondations, dont ne se relevèrent pas la plupart des infrastructures.

Seuls les conservatoires des espèces alors en place dans les pays industrialisés ont permis de reconstituer, en laboratoire, des clones de toutes les espèces végétales existant sur Terre à la fin du XXe siècle, que les accidents climatiques des années 2030 à 2040 ont en grande partie fait disparaître.

C'est le deuxième objectif, plus scientifique, de la station martienne qui accueillera, outre les centres de santé à caractère récréatif et des serres destinées à la production de végétaux alimentaires, plusieurs stations où seront cultivés de nouveaux végétaux. Ces *végéstations*, entièrement consacrées à la production d'espèces aux génomes modifiés, auront pour objectif de créer des variétés pouvant croître et se reproduire en atmosphère reconstituée, dont les éléments (oxygène, hydrogène, azote, gaz carbonique, gaz rares) pourront varier de manière assez importante d'un milieu à l'autre.

Beaucoup d'expériences sur les plantes transgéniques, interrompues au début du XXIe siècle, vont pouvoir reprendre, puisque les conditions de culture des végéstations excluent la possibilité des flux de gènes, qui avaient conduit à l'interdiction des cultures de plantes aux génomes modifiés. On ne contrôlait pas le passage des gènes modifiés des plantes cultivées aux plantes sauvages de la même famille et c'est ce qui a provoqué l'arrêt de la production. Tout semblait se passer comme si les espèces nouvellement créées, génétiquement différentes, exerçaient sur les populations de plantes sauvages avec qui elles pouvaient se croiser une sorte d'attraction particulière favorisant les reproductions, alors qu'on voulait les limiter au minimum. Certaines espèces sauvages développaient des stratégies de reproduction inédites pour avoir accès aux nouveaux gènes (qui représentaient généralement un progrès pour la plante, apportant une aptitude particulière, une résistance aux parasites, un gain quelconque). C'est à partir de ces observations que l'on a commencé à utiliser le terme d'« intelligence végétale ».

Toutes les expériences en cours ont été interrompues, à la demande de la communauté scientifique elle-même, totalement dépassée par la fréquence des flux et la diversification extrêmement rapide des procédures observées chez les espèces sauvages pour interférer avec les espèces cultivées. La difficulté à isoler les nouvelles plantes et à les maintenir en milieu totalement clos a précipité l'arrêt des cultures en serre.

La perte d'un tiers des espèces végétales naturelles, après la catastrophe de 2035, a mobilisé les énergies ailleurs, achevant de geler les programmes de recherche.

Le milieu sous contrôle (et dépourvu de vie sauvage) des végéstations devrait permettre de reprendre, prudemment, les études sur les réactions des plantes aux modifications génétiques. On attend beaucoup de ces expériences, et nombre de chercheurs s'y intéressent de très près. Mais les perspectives des équipes d'hier, dont l'objectif était d'améliorer la productivité agricole, de répondre aux exigences des industries agroalimentaire et pharmaceutique, sont aujourd'hui totalement obsolètes.

On ne jure plus que par l'intelligence végétale, la sensibilité et l'intuition végétales, la raison et la sagesse végétales. Que personne, durant des millénaires, n'ait pu imaginer que les plantes communiquaient, qu'elles étaient organisées en sociétés, qu'elles avaient des codes, des rituels et des formes très sophistiquées de ce qu'il faut bien appeler une culture – même si, s'appliquant aux plantes, le mot est quelque peu ambigu –, dépasse aujourd'hui l'entendement.

Que ces découvertes soient intervenues après que les deux tiers des espèces végétales ont été supprimées de la surface terrestre apparaît aujourd'hui d'une douloureuse ironie. Heureusement, les technologies actuelles vont permettre aux hommes, après avoir beaucoup détruit, de recréer des espèces disparues et même d'en inventer de nouvelles. La connaissance du règne végétal ne fait que commencer. L'ouverture des végéstations inaugure une ère nouvelle de connivence et d'échanges accrus avec les multiples sociétés de plantes de qui nous avons tant à apprendre.

Orwell était très attaché à la nature, son pseudonyme lui-même est emprunté au nom d'une rivière dans laquelle il allait pêcher, enfant.

On retrouve dans tous ses romans ce rapport étroit aux paysages de campagne, aux lumières et aux senteurs des lieux éloignés de la ville. Mis à part la nature tropicale et luxuriante de la Birmanie, décrite dans *Une histoire birmane*, c'est surtout la campagne anglaise qui est célébrée dans les livres d'Orwell. L'image de la clairière ensoleillée, égayée du chant des oiseaux, où les amoureux se retrouvent pour échapper aux tourments du monde et donner à leurs ébats un cadre harmonieux, discret et hors du temps, se retrouve à la fois dans *Et vive l'aspidistra!* et dans *1984*.

Comme si la nature, dans son indifférence à la folie des hommes, conservait en elle ce caractère apaisant, bienfaisant, telle une mère dans le sein de laquelle on peut se laisser aller, se détendre et s'évader. C'est ce que croit en tout cas le héros d'*Un peu d'air frais* lorsqu'il va passer quelques jours dans le village de son enfance, à la recherche des étangs merveilleux remplis de carpes énormes et dont l'existence est la garantie à la fois de souvenirs idylliques et de la réalité d'une campagne généreuse, radieuse, toujours estivale.

Ce roman est celui où Orwell se livre avec le plus de délectation à l'évocation d'une nature telle qu'il l'aime. Façonnée par les hommes certes, mais territoire de liberté. La destruction par l'urbanisation de la campagne de son enfance est aux yeux de George Bowling, l'alter ego de George Orwell dans *Un peu d'air frais*, le signe du déclin d'un monde qui se précipite à grands pas vers la guerre, et l'anéantissement de ce qui a fait sa douceur. La perte du paradis, en quelque sorte.

Orwell aurait trouvé matière à réflexion en observant la façon dont les révoltes émanant du milieu paysan contre ce qu'en France on appelle la mondialisation et ailleurs la globalisation se sont mises en place. Ce n'est sans doute pas un hasard si le monde rural revient sur le devant de la scène, lui qui est détenteur (du moins dans l'inconscient collectif) d'un parler franc ancré dans le contact avec la terre, la nature, les saisons, toutes choses considérées à des degrés divers comme définitivement perdues par une grande partie des citadins, éloignés de la campagne et oublieux de ses réalités.

La langue des paysans est directe, elle prend ses racines (et sa tonalité bourrue) dans le monde d'hier, où chaque citadin avait des attaches rurales, des parents, des grands-parents, un monde soudain idéalisé car il appartient au passé, un passé devenu bientôt invérifiable, enjolivé par le souvenir, réduit à l'état de vieille photo sépia, d'évocation floue et brouillée.

Nul doute que le parler des responsables de la Confédération paysanne, leurs inflexions, leurs accents, n'aient résonné pour beaucoup comme l'écho de la ruralité perdue, à jamais disparue, d'un temps où régnaient le bon sens, l'évidente intuition de ce qui se fait et de ce qui ne se fait pas, la *common decency* dont parlait Orwell et qu'il mettait au cœur d'un système politique véritablement « socialiste ».

George Orwell a toujours aimé vivre à la campagne, et l'expérience la plus exemplaire à cet égard est certainement le séjour qu'il fit à Jura. C'est une île située au large de la côte ouest de l'Écosse, où il s'installa au printemps 1946. Il y vécut presque à temps complet jusqu'à Noël 1947. C'est là qu'il écrivit son dernier roman, *1984*.

Orwell rêvait depuis longtemps (bien avant la mort de sa femme Eileen, en mars 1945) d'une maison dans l'archipel des Hébrides et il réalisa ce projet en choisissant le lieu le plus isolé et le moins accessible que l'on pût trouver. Jura comptait deux cent cinquante habitants, et la ferme abandonnée qu'Orwell loua était à cinquante kilomètres du magasin général (et du premier médecin) et à vingt-cinq d'un téléphone. Orwell était doté d'un très solide sens pratique et il aimait beaucoup cultiver son jardin, au sens premier du terme. Il avait déjà vécu à la campagne avec son épouse Eileen, dès les premiers temps de leur mariage, et il s'occupait de tout lui-même, faire pousser les légumes dans le potager, traire les chèvres, planter des fleurs. À Jura, il prenait soin également d'un enfant, le petit garçon de deux ans qu'il avait adopté en 1944. Il jardinait, faisait les foins, nourrissait les poules, gavait des oies, allait chercher le lait au village voisin, faisait des confitures, pêchait, chassait les lapins, se promenait à pied, profitait de la beauté sauvage et verdoyante de l'île.

Qu'Orwell ait choisi d'habiter ici ou là n'est pas en soi digne d'intérêt, mais cet exil insulaire et campagnard me paraît révélateur de bien des aspects de sa personnalité, en particulier son goût (conscient ou non) pour une certaine forme de difficulté et aussi une manière volontaire et tenace d'affronter ce qui pouvait faire obstacle à ses désirs et d'en mépriser d'avance les conséquences. Certains de ses proches ont affirmé que le séjour à Jura avait beaucoup altéré sa santé, mais c'est mal connaître le climat des Hébrides, qui n'est pas plus humide que celui de Londres, pour un air infiniment meilleur. Plus que les conditions climatiques, ce sont surtout l'absence de confort dans la vieille ferme de Barnhill, l'isolement extrême, à l'écart de toute commodité, et la mauvaise volonté d'Orwell à prendre soin de sa santé qui rendirent cette « villégiature » assez téméraire, à une période de sa vie où l'écrivain était déjà fort malade.

Le rapport étroit à la nature, l'amour de la campagne relève chez Orwell de cette décence commune qu'il considère comme la condition préalable à une amélioration du sort de l'humanité.

Il eut, avant l'heure, de vraies préoccupations écologistes, et se souciait des effets néfastes de l'urbanisation, de l'industrialisation poussée, de l'érosion des sols et du gaspillage des ressources énergétiques. Il dénonce les méfaits (économiques, sociaux, humains) de l'industrialisation dans *Le quai de Wigan* et s'inquiète, par l'intermédiaire de son héros George Bowling, du recul de la campagne devant le béton dans *Un peu d'air frais*, qui à sa manière peut être considéré comme un roman politico-écologiste.

Quant au monde de *1984*, il est affreusement dépourvu de toute verdure et de toute fraîcheur, sauf dans le bois en forme de parenthèse ensoleillée où Winston et Julia se retrouvent pour faire l'amour, à l'image du « pays doré » que George Orwell avait connu dans son enfance à Henley-on-Thames, fait de bords de rivière, de verte campagne et de liberté enivrante, celle que peuvent ressentir très intensément les enfants, lorsqu'ils sont en contact étroit avec la nature.

Yon

Découvert en 2013 par Chatterjee et Jadhav, le *yon* est un anti-prion naturel, élaboré chez certains grands mammifères et qui protège l'organisme des agressions extérieures. Agissant comme une protéine anti-infectieuse, le yon se développe dans les cellules infectées par une bactérie, un virus ou un agent pathogène à partir d'une protéine normale, qui se transforme en anti-prion, avec l'aide d'un acide nucléique, réquisitionné pour l'occasion. L'ARN, sous l'influence du yon, code les molécules inactivantes qui vont éliminer l'infection.

C'est en observant des populations d'éléphants d'Asie que les deux chercheurs indiens ont eu l'idée d'une éventuelle protection naturelle chez ces animaux. En effet, les pachydermes sont très rarement affectés par la maladie et la plupart meurent de vieillesse, sans que l'on remarque chez eux de pathologie particulière. En étudiant les tissus de plusieurs éléphants morts accidentellement ou naturellement, les deux chercheurs ont mis en évidence la présence de protéines particulières dans certains organes vitaux et, à l'analyse, ces protéines se sont révélées agir à l'instar d'une garde rapprochée, empêchant toute infection cellulaire par un élément étranger.

Les deux chercheurs ont alors demandé à des confrères canadiens travaillant sur les grands cétacés de mener le même type de recherche. C'est ainsi que Miles et Allways ont trouvé des anti-prions identiques dans les tissus de trois baleines à bosse.

La présence de yons chez les grands mammifères a manifestement été favorisée par leur taille, on pense d'ailleurs aujourd'hui que la plupart des espèces de grands dinosaures bénéficiaient d'un système de protection semblable, ce qui explique en partie la remarquable longévité de leur règne.

Curieusement, les espèces de taille réduite n'ont pas développé le procédé, bien que rien, physiologiquement, n'empêche la synthèse de yons par de petits organismes.

Les essais expérimentés sur les singes (orangs-outans, puis chimpanzés) ont montré que l'installation de l'anti-prion se faisait parfaitement. On injecte en intramusculaire des yons désactivés de baleine, ainsi qu'un fragment d'ARN associé à la reconnaissance de la protéine, et l'organisme hôte agit par imitation, produisant bientôt ses propres yons.

La phase expérimentale conduite chez l'être humain a débuté en 2024, et les excellents résultats obtenus permettent d'espérer une mise sur le marché d'une molécule activatrice d'ici trois ou quatre ans. Entre l'administration du produit et la production de yons par l'organisme, il faut compter environ six mois.

Le yon agit contre toutes les maladies infectieuses d'origine bactérienne. Il s'attaque au pneumocoque, au staphylocoque, au streptocoque, aux bacilles (du charbon, du botulisme, de la coqueluche, de la diphtérie, de la lèpre, de la tuberculose, de la typhoïde), aux spirilles, au vibrion du choléra, il agit également contre les virus (poliomyélite, fièvre jaune, rage, encéphalite, etc.) et les rétrovirus (sida), bien que, dans ce cas, on doive tout de même envisager un traitement à base de vecteur viral recombinant, pour garantir la guérison.

La capacité ainsi induite de l'organisme à se défendre seul contre la grande majorité des maladies révolutionne la médecine allopathique. Et bouleverse la démographie, en supprimant une des causes majeures de mortalité, et en assurant aux familles une descendance viable. Quand on sait que les populations qui font beaucoup d'enfants sont celles qui craignent le plus la mortalité infantile (par maladie), on imagine que le taux de reproduction va baisser dans les zones du monde où il demeure encore élevé, et rejoindre assez vite les taux des pays industrialisés. Cela permettrait de réguler la croissance démographique, que les effets immédiats du yon devraient contribuer à faire augmenter dans des proportions encore aujourd'hui difficiles à évaluer.

Si la découverte du yon constitue une véritable révolution sur le plan médical, elle porte un coup terrible à l'industrie pharmaceutique, dont l'activité va connaître un déclin sans précédent. Les plus grands laboratoires sont menacés, et ce n'est pas la synthèse du yon qui va à elle seule sauver ce secteur.

Une page de la médecine se tourne en ce moment. Des disciplines comme la chirurgie et l'obstétrique, délaissées depuis le début du siècle, mais aussi la cancérologie et l'histologie, vont revenir au premier plan.

C'est la régénération spontanée qui va désormais concentrer les efforts de la recherche, après que l'espèce humaine s'est affranchie de toutes les maladies infectieuses...

George Orwell est mort de la tuberculose. Il a prétendu que le climat de la Birmanie, où il avait passé cinq ans, avait ruiné sa santé, mais rien n'indique qu'il était déjà atteint par cette maladie à son retour en Angleterre, même s'il obtint sa permission pour des raisons de santé. Quoi qu'il en soit, les mois passés « dans la dèche » à Paris et à Londres en 1928 et 1929 ne durent pas améliorer son état général. Il s'habillait, autant par manque d'argent que pour les besoins de son enquête, de vieux vêtements élimés qui le protégeaient mal du froid. Il dormait dehors ou dans des gîtes de fortune, souvent mal ou pas chauffés.

La sous-alimentation et le rythme de travail qu'il s'imposa durant son séjour parisien (il écrivit deux romans et plusieurs nouvelles en dix-huit mois) vinrent facilement à bout d'une santé déjà fragile. Il séjourna d'ailleurs deux semaines à l'hôpital Cochin en mars 1929, pour faire soigner une pneumonie, et écrivit à la suite de cette expérience un court texte, « Comment meurent les pauvres », dans lequel il décrit les conditions de vie des salles communes où les plus démunis finissent leurs jours, dans la misère affective, la souffrance physique et l'indifférence générale (ce texte ne fut publié qu'en 1946, dans le journal anarchiste *Now*).

Orwell était d'un tempérament stoïque, un brin masochiste dès lors qu'il s'agissait de prendre soin de lui-même. C'était le genre d'homme à faire de la moto en plein hiver, sous la pluie, vêtu d'un mince pardessus et d'un pantalon léger.

Fin 1933, il fut à nouveau hospitalisé en Angleterre pour une pneumonie, et son état dut inspirer suffisamment de craintes pour que l'on fît venir sa mère. Il dut abandonner le poste de proviseur qu'il occupait dans un collège et passa quelques mois de convalescence chez ses parents. Il avait trente ans. Et présentait déjà tous les signes d'une grande faiblesse pulmonaire.

Cela ne l'empêcha pas de partir en décembre 1936 pour l'Espagne. Il participa à la guerre de tranchées, en plein hiver, souffrit beaucoup du froid, et attrapa bronchite sur bronchite. Les soldats manquaient de bois pour faire du feu, et l'inconfort des tranchées empêchait la moindre hygiène. Orwell raconte que lorsque les poux apparurent, en mars, il prenait des bains dans l'eau glacée de la rivière pour s'en débarrasser. Tout cela n'arrangea en rien l'état de ses poumons.

C'est en mars 1938 qu'il eut sa première hémorragie sérieuse, et le frère de sa femme, qui était chirurgien, le fit entrer au sanatorium d'un de ses amis, dans le Kent. Orwell y resta six mois, durant lesquels il lui fut interdit de se servir de sa machine à écrire, mais qu'il mit à profit pour réfléchir à ses écrits futurs. Ce séjour eut des effets très bénéfiques sur sa santé. Les médecins lui recommandèrent de passer l'hiver dans un pays au climat chaud, pour éviter les bronchites à répétition, désastreuses pour ses lésions tuberculeuses.

Le couple Orwell vécut six mois au Maroc de septembre 1938 à mars 1939, mais ce fut la seule escapade au soleil que se permit l'écrivain. La guerre et surtout le manque d'argent lui interdirent de recommencer.

À partir de la fin de la guerre, après la mort de sa femme, les épisodes de rechute se succédèrent, à un rythme plus ou moins régulier : hémorragies, bronchites répétées. Dès 1947, Orwell était vraiment malade, même s'il s'employait à ne pas prendre au sérieux ses ennuis de santé.

Sur l'île de Jura, loin de tout médecin, il ne se soignait pas, ne se ménageait pas et travaillait à un rythme épuisant sur le manuscrit de *1984*. Lorsqu'il n'eut même plus la force de faire le voyage jusqu'à Londres pour consulter un spécialiste des poumons, il en fit venir un qui l'expédia au sanatorium.

Il entra à l'hôpital près de Glasgow la nuit de Noël 1947, « découvrant » à ce moment-là qu'il avait perdu dix kilos. Il y resta sept mois, durant lesquels il fut traité à la streptomycine, un antibiotique encore introuvable en Europe et qu'il se procura grâce à l'intervention de son ami David Astor, propriétaire du journal *The Observer*, auquel il contribuait depuis 1942.

On ne maîtrisait pas encore les effets secondaires d'un médicament qui allait plus tard permettre de sauver les tuberculeux, et ils eurent sur Orwell un impact suffisamment inquiétant pour que l'on interrompe le traitement au bout de quelques semaines. Son état toutefois s'améliora sensiblement, au point qu'il put quitter l'hôpital en juillet 1948 et retourner à Jura, où il se remit aussitôt à travailler sur le manuscrit de *1984*, en grande partie au lit, car les médecins lui avaient recommandé de se lever le moins possible. Il était d'ailleurs très faible, tout déplacement l'épuisait.

Taper à la machine au lit représentait un effort exténuant – qu'on imagine les lourdes machines à écrire d'alors –, mais il ne put trouver de dactylo et exécuta le travail de frappe lui-même. À la fin novembre 1948, le livre était achevé, et la santé d'Orwell définitivement perdue. On peut dire sans exagérer qu'il avait, en se surmenant, condamné tout espoir de guérir ou du moins de se rétablir suffisamment pour avoir de bonnes chances de survivre.

Début janvier 1949, il entra à nouveau en sanatorium. À ce moment-là, il savait ses jours comptés, mais il espérait vivre assez longtemps pour écrire encore plusieurs livres, et d'ailleurs les médecins ne donnaient pas un pronostic complètement défavorable, à condition qu'il se repose et reste tranquille. Une rechute cependant était toujours possible et tous autour de lui savaient qu'elle serait probablement fatale.

En septembre 1949, il quitta le sanatorium pour entrer dans un hôpital de Londres, se remaria en octobre, et commençait à peine à envisager sa nouvelle vie d'invalide (écrire un peu, se reposer allongé le reste du temps) quand une nouvelle hémorragie survint, dans la nuit du 21 janvier 1950, qui l'emporta immédiatement. La tuberculose avait eu raison de lui. Il avait quarante-six ans.

Zou

On vient enfin de mettre au point un logiciel de traduction automatique digne de ce nom, qui va remplacer avantageusement toutes les tentatives proposées jusqu'à présent et qui n'aboutissaient qu'à produire un charabia informe, on ne peut plus éloigné du texte original. De très longues années ont été nécessaires à l'élaboration du *zou* (pour zeugme-ortho-uniforme) et il a fallu attendre que les machines soient techniquement plus avancées. Au début du XXIe siècle, on ne pouvait pas obtenir d'un ordinateur qu'il traduise un texte « intelligemment ». Tous les programmes de traduction étaient fondés sur la logique, l'analytique, la comparaison, mais il manquait aux machines la capacité de lier les fragments de phrases entre eux, de les développer dans un ensemble, et non de les juxtaposer un à un.

C'est pourquoi on avait affaire à des énoncés proprement hilarants, et ce d'autant plus que le texte était littérairement sophistiqué. Il était impossible de traduire quoi que ce soit de cette manière et la littérature moins que toute autre prose.

Le zou se fonde sur la capacité nouvelle des machines à réutiliser leur expérience. On apprend désormais aux ordinateurs à se comporter en traducteurs. À partir d'une vingtaine de textes et de leur traduction (effectuée par un professionnel), on constitue une base de référence dont l'ordinateur va reproduire le fonctionnement. La machine traite ces informations pour constituer non seulement son lexique, mais aussi sa grammaire, ses idiomes, sa syntaxe, ses expressions particulières. Elle est ensuite capable de traduire à son tour un texte dont elle ne possède que la version originale. Le résultat est stupéfiant. Non seulement le sens est parfaitement respecté, mais la forme est bien souvent très agréable.

Le zou présente deux options. Soit on introduit un même texte (*Hamlet*, *Crime et châtiment*, *Werther*) dans des traductions variées (on dispose pour certains textes classiques d'une douzaine de versions), soit on propose des textes différents, mais traduits par la même personne. La machine dans le premier cas travaillera sur la multiplicité et la diversité des rendus, et créera sa propre méthode analytique, développant un sens plus aigu de la re-création, dans l'autre elle acquerra un style, une manière, qu'elle cherchera à reproduire dans ses traductions futures.

Tout dépendra de ce que l'utilisateur voudra obtenir de son zou. Mais il aura la possibilité de l'orienter vers des formes diverses, plus poétiques, plus concises, plus littéraires, etc.

Ainsi le logiciel va s'enrichir au fil du temps et certains zous devraient prendre assez de valeur pour que leurs utilisateurs puissent les revendre bien plus cher qu'ils ne les ont achetés. C'est évidemment une des caractéristiques les plus originales de ce logiciel évolutif. Plus on s'en sert, plus il est performant.

Le zou présente également, en cas de tournures récalcitrantes ou dans des situations particulièrement délicates, une interface directe avec un traducteur réputé de la langue à traduire. L'ordinateur soumet sa question par messagerie électronique et le traducteur, ponctuellement, l'assiste et lui apporte son conseil. C'est alors sa proposition qui est retenue.

Les concepteurs du zou précisent que ce type de recours (payant) ne peut à l'heure actuelle excéder l'équivalent d'une page sur vingt, ce qui est encore relativement important. Leur objectif est de réduire ce taux à 2 % en 2026, puis à 1 % en 2031, jusqu'à éliminer totalement cette disposition particulière.

Mais on possède dès lors un outil très largement performant qui va permettre, de par son coût minime et la qualité du résultat, la traduction de quantité d'œuvres étrangères jusque-là restées inaccessibles au plus grand nombre.

Les esprits chagrins (et les associations de traducteurs) affirment que jamais une machine ne remplacera la subtilité et la créativité d'un être humain. Le zou pourrait bien, à terme, leur donner tort. On pourrait même voir émerger un nouveau style de traduction, qui ne céderait en rien aux traductions humaines pour ce qui est de la fidélité au texte original mais apporterait une précision plus fiable et plus rigoureuse. C'est, en 2020, le défi lancé par le zou.

Il faut tout de même dire ce qu'est la mystérieuse *aspidistra* auquel le titre d'un roman d'Orwell fait référence. *Aspidistra elatior* est une plante d'appartement, son nom d'espèce, du latin *elata* (élevée), signifie qu'elle monte en flèche (*elatior*, très élevée, la plus élevée).

Vous en avez sûrement déjà vu, ce sont ces plantes à longues feuilles étroites, pointues au bout, qui montent à la verticale. « *Ses grosses feuilles d'un vert sombre forment des touffes bien garnies*, nous dit l'Almanach du jardinage. *Petites fleurs pourpres. De culture très facile, elle peut supporter une mauvaise luminosité, la fumée, des températures de 5 à 6 °C. Préférer pourtant une exposition à l'abri des rayons solaires. En été, arroser abondamment et laver les feuilles régulièrement. En hiver, il vaut mieux garder la plante au chaud et ne pas trop arroser. Multiplication par division des touffes au printemps.* »

Avec pareille résistance aux mauvaises conditions, on comprend qu'elle se soit bien développée en Angleterre. L'aspidistra est beaucoup moins courante en France, où le mot n'est pas familier.

Orwell n'aurait pas choisi un titre pareil si cela n'avait rien évoqué à la plupart des gens. Il ne me viendrait pas à l'idée de donner pour titre à un roman quelque chose comme *Vive l'epiphyllum*, alors que certaines plantes sont connues de tout le monde. Même ceux qui n'en ont pas savent ce qu'est un caoutchouc, un lierre, un bégonia. Personnellement, l'aspidistra, je n'en avais jamais entendu parler et pourtant, j'ai une certaine connaissance en botanique.

Si j'insiste là-dessus, c'est qu'Orwell était un écrivain particulièrement conscient de la force des mots. Il n'était plus de ce monde lorsque son roman *Keep the Aspidistra flying* a été traduit en français, et je ne crois pas qu'il en aurait approuvé le titre, car il parlait notre langue couramment, et savait, pour avoir vécu à Paris, qu'on ne trouve pas d'aspidistra dans tous les foyers français.

À l'inverse, en Angleterre, la plante est pour tous le symbole (daté du début du XXe siècle) d'un empire glorieux, d'un monde « où le soleil ne se couchait jamais » et où il faisait bon être britannique. Dans toutes les maisons, l'aspidistra élevait vers le ciel les lances de ses feuilles toujours vertes, telle une bannière flottant (*flying*) sur la toute-puissante Angleterre.

C'est tout cela qui est contenu dans le titre du roman, et à cet égard on peut remarquer l'extrême concision de la langue anglaise, qui permet en peu de mots de faire passer beaucoup de choses. Il est quasiment impossible de rendre la même nuance en français.

Si j'avais dû traduire *Keep the Aspidistra flying*, je crois que j'aurais remplacé le mot « aspidistra » par « géranium » (*Laissez vivre les géraniums*, ou quelque chose comme ça) ou mieux, par « misère », cette plante d'intérieur si commune chez nous, introduisant ainsi un jeu de mots assez comique (*Laissez s'envoler la misère*) puisque le thème du livre est l'argent, ou plutôt le manque d'argent.

Ce titre d'Orwell est sans doute le plus remarquable à l'égard de la traduction et de la difficulté qu'implique le passage d'une langue à une autre. Il est d'ailleurs intéressant d'observer que les titres en français de ses ouvrages ont varié au cours du temps. Ainsi, le premier livre d'Orwell, *Down and out in Paris and London* (1933) est publié chez Gallimard en 1935 sous le titre *La Vache enragée*, avec une élogieuse préface de Panaït Istrati, que l'écrivain roumain conclut par cette phrase étonnante de sagacité, concernant l'œuvre à venir d'Orwell : « L'art littéraire retrouvera ce naturel-là, ou bien il mourra pour longtemps. »

Les éditions Champ Libre rééditent le livre en 1982 dans une nouvelle traduction, sous le titre *Dans la dèche à Paris et à Londres.*

Burmese Days (1934) paraît en 1984 chez Champ Libre. Il s'intitule dans un premier temps *Tragédie birmane*, avant de devenir *Une histoire birmane*.

Homage to Catalonia (1938) est publié chez Gallimard en 1955 sous le titre *La Catalogne libre*, avant de reparaître chez Champ Libre en 1982 dans sa traduction initiale, mais rebaptisé *Hommage à la Catalogne.*

Coming up for Air (1939), paru en 1952 chez Amiot et Dumont sous le titre *Journal d'un Anglais moyen*, est retraduit en 1983 lors de sa réédition par Champ Libre et devient *Un peu d'air frais.*

Animal Farm paraît d'abord chez un éditeur monégasque, en 1947, sous le titre *Les animaux partout*, mais ce n'est qu'en 1964 que Gallimard en publie une deuxième traduction, sous le titre *La république des animaux*, qui deviendra, lors de sa réédition par Champ Libre en 1981, *La ferme des animaux*.

Seule l'édition française de *Keep the Aspidistra flying* (1936), publiée en 1960 chez Gallimard, avant de reparaître chez Champ Libre dans la même traduction, a conservé son titre, *Et vive l'aspidistra!*

Œuvres de George Orwell

date de la première édition

Down and out in Paris and London	1933
(Dans la dèche à Paris et à Londres)	
Burmese Days	1934
(Une histoire birmane)	
A Clergyman's Daughter	1935
(non traduit)	
Keep the Aspidistra flying	1936
(Et vive l'aspidistra !)	
The Road to Wigan Pier	1937
(Le quai de Wigan)	
Homage to Catalonia	1938
(Hommage à la Catalogne)	
Coming up for Air	1939
(Un peu d'air frais)	
Animal Farm	1945
(La ferme des animaux)	
Nineteen Eighty-Four	1949
(1984)	

La correspondance, les chroniques, articles et essais de George Orwell, réunis en quatre volumes, sont publiés aux éditions Ivréa-L'Encyclopédie des nuisances, dans une traduction d'Anne Krief, Michel Pétris et Jaime Semprun.

Essais, articles, lettres.
Volume I (1920-1940), 708 p.
Volume II (1940-1943), 576 p.
Volume III (1943-1945), 542 p.
Volume IV (1945-1950), 736 p.

Bibliographie

Bernard Crick
George Orwell, une vie
Balland, 1982, Points Seuil, 1984

Jean-Daniel Jurgensen
Orwell ou la route de 1984
Robert Laffont, 1983

Simon Leys
Orwell ou l'horreur de la politique
Hermann, 1984

Jean-Claude Michéa
Orwell, anarchiste tory, suivi de *À propos de* 1984
Climats, 2000

« George Orwell », revue *L'ARC*, n° 94, 1984

Je remercie Eric Faye,
sans qui je n'aurais pas écrit ce livre,
pour les nombreux documents
qu'il a mis à ma disposition.
Je remercie également les chercheurs
des centres INRA de Poligny,
Le Rheu et Jouy-en-Josas
pour les informations qu'ils m'ont offertes
et l'accueil qu'ils m'ont réservé.

Ce volume a été composé
par Nord Compo
et achevé d'imprimer en mars 2003
sur presse Cameron
dans les ateliers de
Bussière Camedan Imprimeries
à Saint-Amand-Montrond (Cher)
pour le compte des Éditions Stock
31, rue de Fleurus, 75006 Paris

Imprimé en France
Dépôt légal : avril 2003.
N° d'édition : 32904. N° d'impression : 031613/4.
54-07-5570/4
ISBN 2-234-05570-9